江戸っ子長さんの舶来屋一代記

茂登山長市郎
Motoyama Choichiro

a pilot of wisdom

目次

I

II　商売の上手な人　下手な人

III 商人《あきんど》の道

並木通り本店入口。
ローズウッド材の扉の前で。
撮影／中本徳豊

祖父の時代から使用していた屋号。これを染め抜いた印《しるし》半《ばん》纏《てん》を町内の頭《かしら》、小頭の人たちなどに配ったものです。

I 「長さん」と呼んでおくれ

「笑顔が一番」舶来商売はじめて五十年、祖父の代から百年

――そう、そう、この顔だ、この笑顔。

ウン、目尻の皺がいいね。険もなければサーベルもない。歯は真っ白だし、血色もいいし……。ちょっと顔が長いけど仕方がない。生まれつきだ。名前も「長さん」だし。でも、この顔、見方によってはなかなかあどれない、いい顔だ。鏡見て、自分で自分の顔をほめてやがる。困ったもんだ。

鏡ってやつは、正直なもんだよ。嫌なことがあった日にゃ、「まさか、これが自分か」と思うほど嫌な顔を映すし、疲れた時は、いかにも「助けてくれえ」っていう情けない顔を映し出す。鏡は心の窓だとかなんだとか言うけど、本当だ。その時の体調やら気持ちを完璧に表すからね。

でも、商いをしている僕らにとっては、顔は大事、ものすごく大切だ。

だってそうだろ、お客さんと面と向かって商売をするんだから、昨日女房と喧嘩したからって、苦虫嚙みつぶしたような顔をしていたら、陰気でいけない。買おうと思ってお店にいらっしゃったお客さんだって逃げちゃう。逆に笑顔で応対してごらん。ニコッとした笑顔につられて、買う予定がなかったものまでつい買っちまうよ。

そりゃあ、たしかに世の中、いいことばかりじゃないよ。嫌なこともたくさんある。仕事がうまくいかない。金がない。体の調子が悪い。誰かに叱られた。道で転んだ。恋人に振られた。親がボケた。電車で痴漢と間違えられた。財布を落とした。ウンコ踏んだ……。

そういう時こそ、こうやって鏡を見て、「なんていう顔をしてやがる。元気出せよ」と笑顔を作ってみる。これが商売の第一歩。これなら誰だってできるもんね。

そう、そう、その笑顔。

長さん、今日もいい男だ。自画自賛じゃ世話ねえや。

今夜、はじめて出る会合があるんで、挨拶の練習をかねて、この顔でちょっと自己紹介してみるか。孫ぐらいの若い人が大勢集まるって広報の目黒さんが言ってたな。

僕は茂登山長市郎。元気そうに見えますが、もう八十四歳になりますので、とうに男性の平均寿命を超えてしまい、最近では、ちょっと長生きをしすぎた感じがいたします。なにしろ、僕は、東京・銀座のまん真ん中に「サン　モトヤマ」という舶来屋をはじめて五十年。

――舶来屋って言ったって、いまの若い人にはわからないか。いまなら何て言ったらいいんだ？　輸入高級ブランドショップか。ちょっとちがうけど、まあ、いいや。舶来屋、いい言葉なんだけどねえ。

えー、戦争直後から、いち早く世界の一流品、高級品を品揃えして、お客さんに喜んでいただいて参りました。「サン　モトヤマ」を創立いたしましたのが、昭和三十年ですから、平成十七年で五十周年、「サン　メリヤス」という屋号で祖父が商売をはじめたのが明治三十七年ですので、そこから数えますと三代、百年ということになります。

――そうそう、いいね、この顔。微笑んで、ニコッ。

「商いは飽きない」祖父から学んだ江戸っ子商人気質

僕が生まれたのは、花のお江戸は東京・日本橋 橘《たちばな》町の問屋街。右隣りが呉服問屋で、左は薬屋。通りをはさんで向かいは提灯屋と鏡屋。我が家はメリヤス問屋、祖父茂登山長次郎が作った店を父が継いでいたんです。

——メリヤスと言ってもいまの若い人にはわからねえか。「莫大小」って書いて、昔、ラクダのシャツとか股引《ももひき》とか、都腰巻とかあったでしょ、なんて言ってもよけいわからなくしちゃうか。しょうがない、じゃ、ニットでいいか。

祖父の店「サン メリヤス」が扱っていた商品は、ニットの肌着や靴下が中心でしたが、店先には当時としては大変に新しい高級なジャカード編みのセーターや、カシミアのカーディガン、洒落た模様のマフラーや靴下や手袋も置いてあったんです。

僕が生まれたのは大正時代ですので、まだ、普通の奥さんはほとんど着物姿だった。そんな時代に、祖父の店は、襦袢《じゅばん》や腰巻じゃなくてニットの肌着、足袋じゃなくて靴下を売るという、当時としてはかなりハイカラなお店だったんです。

——ハイカラはわかるだろう。♪嫌だ、嫌だよ、ハイカラさんは嫌だ、頭の真ん中にサザエのつぼ焼き、なんて間がいいんでしょ……。知らないか、こんな唄。長生きしすぎたかな、やっぱり。

もう少し詳しく申しますと、僕の祖父の茂登山長次郎は、日本橋三越の並びにあった日本一のメリヤス問屋、堀川長兵衛の店で丁稚奉公ののち、一番番頭にまでなって独立した。しかし、長年、主人にお世話になっていながら、独立したのを機にすぐに同じ商売をしてはいけない、と考えた。ここが江戸っ子のいいところだね。恩義を忘れない。いまの人は、平気でそれまで勤めてた店と同じことをはじめるだけでなく、図々しいことに常連のお客様まで自分のところに持っていこうとしますからね。

恩は忘れちゃいけない。人を裏切れば、いつか人に裏切られる。

そこで、祖父はしばらく間を置くことにして、開港以来大変に賑わっていた横浜に出かけていっては、舶来品、つまり外国の商品を安く仕入れて、東京で売った。どんな物を売ったかと言えば、鉛筆、消しゴムだとか、口紅や香水とか手袋だとか……。当時はこういう商売をしている人がかなりいて、彼らは「唐物屋《とうぶつや》」と呼ばれていたようです。

やがて、元の主人堀川長兵衛が亡くなったのを機に、先の日本橋橘町にメリヤス問屋の看板をあげます。その屋号が「サン　メリヤス」です。

時はまだ、明治時代ですよ。すごいでしょう、この屋号。

「サン」は太陽の「サン」。ＳＵＮ。

名前だけじゃない。祖父が考えたのは、それまでのただ単に「着やすい」「はきやすい」ということだけでなく、「美しい」「きれいな」商品を目指したんです。

そして、商品に「サン印メリヤス」とか「ローマ印靴下」という当時としては洒落た商標をつけ、評判になりました。「サン印」は旭日を意味しますし、昇る朝日のような勢いを感じますからわかりますが、いまだに靴下の「ローマ印」はわからない。

僕の推測では、当時、洋書と唐物の販売をしていた丸善が「アテナ」という商標を使って「アテナインキ」とかいって売っていたんで、こっちはギリシャよりもっとでかいローマ帝国だっていうんで、「ローマ印」にしたんじゃないかと思うんですが、よくわからない。

きっと横浜に通っているうちに、「これからはこういう品が求められる」ということを肌で感じたり、学んだりしているうちに屋号や商標を考えたんでしょう。

ここで大切なことがあります。

さっき、こういう外国の商品を仕入れて売る商売、つまり「唐物屋」は当時たくさんいたと言いました。でも、ほとんどの人は儲けられなかった。祖父は成功した。なぜか。

理由は簡単です。遊ばないからです。

当時の横浜は、おもしろいところだったようですね。外国の商館が建ち並び、あちこちに舶来の時計やら人形やら、家具から牛鍋、アイスクリームまで、それまであまり見たことのない、食べたことのないもので溢れていた。

もちろん、遊廓もあれば、洒落たカフェーも怪しげな酒場もある。ダンスホールもある。博打をやろうと思えばどこでもやれた。根岸には競馬場だってあった。横浜に行ったついでに、そこにみんな引っかかって、結局は儲けをすべて注ぎ込んでしまうわけです。

ところが祖父は、そうしたことは一切しない。商いをする者が遊ぶなんてとんでもない。遊ぶ金ももったいないが、なにより遊ぶ時間がもったいない、というのが持論でしたね。

詳しいことはあとでお話ししますが、つまり、「商い」をするなら、遊んでいる時間がもったいないと思うほど「飽きない」で仕事をする、それが「商い」だということを祖父は自ら実践していたわけです。

これを仕入れたら、お客さんの反応はどうだろう。売れると思っても売れないこともあるわけですし、こんなものと思った商品が爆発的に売れたりする。

なぜ売れないのだろうか。

どうしたらもっと売れるだろうか。

いま、お客さんが求めているものはなんだろうか。

それこそ仕入れから商品の陳列法、価格の設定……。商人《あきんど》がやるべきこと、考えなければいけないことは山ほどありますし、失敗が許されない。いわば、博打に似た刺激を味わうことができます。だから、僕は麻雀もやらなければ競馬もしない。

商売そのものがスリル満点ですから。賭け事は必要ない。本来、商人というものは、そうしたことで十分に楽しめるから、言い方を換えれば、仕事に飽きることはないのですから、遊びをしなくても済むわけです。

もう、商売がおもしろくて仕方がない。祖父はまさにそういう人でした。

自分でやっていて「つまらない」とか「おもしろくない」と感じるような仕事は、その人にとっての仕事じゃない。辞めた方がいい。もし、うちの社員で仕事がつまらないと思っているようなヤツがいたら、今すぐに辞めてもらってもいい。そんなヤツはいらない。いらないどころか、商売の邪魔になる。

ですから、お若い方々、あなたたちがしている仕事がどんなに危険で汚い仕事でも、女の子にもてなくても、安月給でも、残業ばかりでも、自分が決して飽きない、好きでたまらない仕事をすべきでしょうね。

人がなんと言おうと、いつまでだってずっとやっていたい。極端なことを言えば、給料だって、とりあえず食べていかれるだけあればいい。そういう仕事に就くべきだし、そんな商売を探すべきなんです。それでも、もし、あなたが今の仕事につまらなさを感じていたら、「うちの会社はつまらない」などと言っていないで、人のせいなんかにせず、自分で自分の仕事をおもしろくすべきなんです。自分で仕事を創り出す。商人は、特にそうでなければいけません。

「商い」は「飽きない」に通ず。

この大切な商人の「原点」を、僕は子供の頃に、ちゃきちゃきの江戸っ子の祖父から教わったと言っていいでしょう。

「これも勉強、あれも勉強」すべての体験が商売の知恵

その祖父の長男、つまり、僕の父は二代目。名前は茂登山一郎。いわゆる典型的なお江戸の

若旦那でした。そう、まさに若旦那。それに、僕とちがって、これが実にいい男。目元涼しく、鼻筋がスーッと通った、役者絵から飛び出したような美男子。僕の顔からはおよそ想像もつかない。

しかも祖父の商売が順調にいってましたから、金に不自由しないときた。稽古ごとが大好きで、長唄、清元、日本舞踊、いわゆる旦那衆の習いごとは全部やってのけた。

その上、店のまわりをごらんなさいな。日本橋の橘町だ。ちょっと歩けば葭《よし》町、浜町、柳橋。浅草だって、吉原だって遠くない。友だちに事欠かない。女が放っておかない。

「ちょいと、若旦那。様子がよござんすわね。おめかしなすってどちらへお出かけ？　えッ、あら、憎らしい」

なにも僕が盛り上げることはないんだけれども……。

ですから、いったん出かけたら、財布がからっぽになるまで帰ってこない。まさに、宵越しの金は持たない、という江戸っ子そのもの。これはのちに僕の弟の清次郎にそっくり受け継がれましたがね。

父の道楽はもうひとつあった。大のカメラ好きで、自宅に暗室まで作ったくらい。大正時代の写真道楽だから、日本の写真史に登場したっておかしくないでしょうね。

母は、みの。美乃が正式な名前ですが、ひらがなで書いてました。浅草生まれの浅草育ち。これで、母がせめて几帳面でやりくり上手なら文句はないんですが、これがまた、娘時代に浅草で自分の父親がやっていた遊間《ゆうま》興行部という事業を手伝ってひと儲けをしたという男まさり。持ち前の姐《あね》さん肌なもんだから、なんでも買っては、人にくれてしまう。

「おかみさん、これ、いいですねえ」なんて出入りの者がねだろうものなら、どんな高価なものでも「ほしいのかい、そら、持ってきな」なんて気前のいいこと。

第一、家計簿なんか見たこともないくらいですから、当然、お金に関しては無頓着この上ない。だから、お金が家にいくらあったって足りやしない。

僕の妹の喜美子には、六歳の六月六日から日本舞踊を習わせて、おさらい会には浅草の松屋ホールや浜町の日本橋倶楽部を借りては踊らせる。見に行った僕が、これはすごく有名なお師匠さんの会かと思ったら、舞台で踊っているのが妹だったので、びっくりしたことがあったくらいです。

まさに夫婦揃って江戸っ子でした。馬鹿の代名詞。

僕もよく言われました。「茂登山さんって江戸っ子なんだってねえ」って。でも、ちっともうれしくない。江戸っ子は自慢するもんじゃない。自慢すれば馬鹿になる。

ところが、よくいるんですよ、江戸っ子を自慢するヤツが。

「おまえさん、江戸っ子なんだって」

「あたぼうよ、日本橋の生まれよ」

「道理で気性がさっぱりしていて気持ちがいいや。ひとつ頼みがあるんだ」

父、茂登山一郎（上左）は当時としては珍しいアマチュア写真家だった。時々、僕たち家族が写真のモデルになった。僕の5歳頃の写真（上右）も父が撮影したものだ。母（下左）はいつも粋な和服姿だったね。弟と妹（下右）。弟は僕に似ず、本当にいい男だった。

「まかせとけってんだ」

江戸っ子を自慢したばっかりに、有り金全部貸し倒れになったりしてね。江戸っ子のいいところは「情」があること。ここはいいんです。でも、江戸っ子を自慢するのはいけません。「俺は馬鹿だ」と言ってるようなものですから。

祖父が横浜に出かけてもまったく遊ばなかったのと対照的に、父や母はよく遊んだ、遊んだ。とにかく道楽三昧。父は昼間から店を番頭にまかせてお稽古ごとやら、お付き合い。夜は夜で、おいしい店の食べ歩きか、芸者集めてお座敷遊び。母は毎日着飾っての芝居見物。話すことと言えば、「音羽屋がどうの、橘屋がどうの」。

江戸っ子はかくあるべし、って典型的な例。

このままでは、せっかく作り上げた「サン　メリヤス」もつぶれてしまうと思った祖父は、僕が生まれて物心がつくとすぐに、日本橋から少し離れた浜町河岸の自分たちが住んでいる家に預かってしまった。

あんな遊び人の両親のところに僕を置いておけない、と思ったんでしょうね。

僕は地味な祖父母に育てられ、質素な顔のまま、この家から近くの久松小学校に通ったんです。そして、時々は、近いもんですから父母のいる店の方に遊びに行ってましたがね。

おもしろいものでしょう。どんなに創業者が苦労しても、よく二代目、三代目でつぶれるっていう話を聞きますが、つぶれはしなかったものの、「サン　メリヤス」の二代目もご多分にもれなかったわけです。

江戸っ子の典型だった二代目の父から、僕は江戸っ子商人の「欠点」もこうしてしっかりと学ばせてもらいました。

ですから、僕は今でもどんなに美しい女性とすれちがっても、声はかけない、追いかけない。でも、ちょっと振り返るぐらいはいいだろう。

もっとも、今は、すれちがって思わず振り返るような美人なんて、そうはいやしないもんね。でも、お店やセールの会場でそんな人と出会うと、やっぱりうれしいねえ、匂いたつような色香の女のお客さんと……。あっ、そんなことはどうでもいいや。


——うん、そうだな。小学校時代の僕は、祖父母の質素な生活の中で育ってるから、真面目な少年だった。まあまあ、成績もそこそこだったな。そうそう、大野君っていう頭がいいヤツがいて、色が白いヤツで、女の子にチヤホヤされやがってな、これがまた歌を歌わせるとボーイソプラノっていうのか、とてつもなく美声でよ、先生がまず僕に歌わせてから、次に決まってそいつに歌わせるんだ、悪い見本といい見本だって。冗談じゃないよ。子供心に傷ついたよ、あの時は。

だけど、最後は僕が級長になった。卒業の時に、担任の野瀬先生が黒板に「茂登山　努力」と書いてくれてね、この僕を指さして「茂登山君は努力の人だ」って言ってくれたのを今でもよく覚えているよ。何年前だ？　七十年以上前か。ずいぶん昔だなあ。野瀬スケオっていう当時の副校長先生だったよ、たしか。それだけは、うれしかったなあ。

商売と関係ないか。続き、続き。


それで、中学に進学することになって、僕はもともと商人になるつもりだったんですから、府立第一商業学校を受けることにしました。府立第一中学が今の日比谷高校です。府立第一商業は今、都立第一商業高校になっています。

その頃の進学コースは、一中、一高、帝大と一商、東京高商か横浜高商、それから慶応の商科という感じでしたが、僕が一商を卒業する頃には、日本に暗雲が垂れ込めてきて、なにやらキナくさくなってきていました。

それから二、三年のうちに、米も砂糖もマッチもいつの間にか配給制になり、皆さん、信じられないでしょうが、「肉なし日」なんてのができたんです。その日は、肉屋からもレストランからも、肉が姿を消したんですから。「贅沢は敵だ」なんていう看板が銀座に立てられたり、ダンスホールは電力の無駄遣いということで閉鎖。

日本が戦争へ戦争へと向かっていった時代でした。

そうなれば、父がやっていた「サン メリヤス」も商売にはなりません。なにしろ「贅沢は敵」なんですから、誰もカシミアのセーターなんか買いません。それどころかハンドバッグの革は鮭皮になり、靴は鮫皮、スプーンは竹、なんでも代用品というひどい時代になっていったんです。

父も母も、もう遊んではいられない。会社の方も国の命令でメリヤスの配給会社になり、かつての江戸っ子の面影はなにもなくなってしまっていたのです。

そして、その上に僕の出征です。商業学校を出て、三代目として「サン メリヤス」をやっていこうと決めたところに赤紙が来て、昭和十六年十二月十日、僕は今の六本木の元防衛庁跡地、当時の歩兵第三連隊に、星一つの新兵として入隊したわけです。

「あっ、これだ！」商売のきっかけは意外なところにあった

戦争の体験をお話ししますと、六本木に二、三日いた僕たち新兵はすぐに芝の増上寺に移され、その五日後には品川駅に停車していた貨車に乗せられた。ところが、この貨物列車、窓がないからどこを走っているのかさっぱりわからないんです。

「全員、降りろ！」の命令で降りたのが、どこだかわからない田んぼの中。しばらく行進して港に出ると、貨物船が待っていて、今度は船底に入れられた。

戦争中は兵隊の輸送先が敵にわかると襲撃される恐れがあるから、行く先を当の兵隊にも教えないんです。

そして、船に乗せられて四日後、ある港に着きました。そこからまた汽車に乗ります。この汽車の窓にはすべて板が打ちつけられ、外側からも内側からもまったく見えないようになっていました。まるで、馬か牛だよ。

次の日の夜更け、ようやく目的地の駅に到着しました。しんしんと雪が降ってました。

そこが、中国の天津《てんしん》だったのです。

いま思うと、僕たちは東京の品川から貨車で広島の宇品《うじな》港に着き、そこから船で大連《だいれん》に渡り、そして汽車で天津まで運ばれたわけです。

今から六十数年前。昭和十六年十二月のクリスマスの頃のことでした。

ずいぶん前のことでしょう。

ところが、ここで僕の人生を左右する「事件」が起きたのです。

「事件」と言うと大げさかもしれませんが、僕にとってはそのぐらいすごい出来事でした。

実はですね、僕はこの天津で今の仕事をはじめる衝撃的な出会いをしたのです。

いやあ、商売のヒントはどこにでもあるものですよね。

なにしろ、日本橋の「サン　メリヤス」の店頭で、家族から「死んで帰れ」と励まされ、「商人になる」という自分の将来の夢なんかもうとっくに諦めて、とにかく天皇陛下のために命を捧げようと出征した戦地で、自分がやりたかったのは「あっ、これだったんだ！」って、思ったんですから。

まさに衝撃。

「万一、戦争が終わって、生きて帰れることがあったら、絶対、これをやりたい」と閃《ひらめ》いたのです。

そのきっかけは、天津の旧租界で見た「ショーウインドウ」でした。

当時、天津は中国軍の掃討作戦も終わっていて、比較的安定していたんで、僕たち新兵にも休日の許可が貰えたんです。それで、町に出て、映画を見たり、日本人街を散歩したりしていたんですが、ある日、同期の戦友がピー屋に行こうと言うんです。

ピー屋っていうのは、娼婦館のことで、早い話が「女を買おう」というわけです。ところが、僕は真面目でしたから、どうもその手のことが苦手で、どうしても行きたいという友人に「突撃一番」を自分の分まで渡して、別れたんです。

ここ、ここ。これが人生のターニング・ポイント。この時、彼らと一緒になって鼻の下を伸ばしてピー屋に行ってたら、僕は今の仕事をしていないかもしれない。本当にそう思いますよ。

祖父母に感謝しなければいけないですね。あのまま江戸っ子の両親に育てられていたら、「突撃一番」持って、ペーもプーもなく、ピー屋へ一目散ですよ。

——「突撃一番」は余分か。第一、わからないよ。衛生サックって言ってもわからないな。今なんて言うんだ？　コンドームか。当時、兵隊が休日で外出する時には、軍隊から支給されたんだから、どうしようもないな。慰安婦のいる部屋の前に列を作って並んだって言うんだから。ひどいもんだ。純情でよかったなあ。

で、僕は彼らと別れてひとり、天津の旧租界というところに入っていった。そこは、日本軍が来るまで、西欧の人たちなんかが暮らしていた地域で、商店街も中国人がその頃のまんまの商売を続けていたんです。

僕は、その商店街のウインドウショッピングをしていた。その時、「あっ！」と閃いた。「これだ！　戦争が終わって生きて帰れたら、この商売をしよう」と、瞬間的に思ったんです。光輝くショーウインドウの中は、小さなヨーロッパであり、アメリカだった。いいでしょ、この言い方。光輝く……二度言うと野暮だな。

イエガーのカーディガンやアクアスキュータムのジャンパー、モーレーの手袋、靴下、隣りのトレンチ・コートはバーバリー。ダンヒルのライターにパイプ、モンブランの万年筆、オメガの時計、ジョニーウォーカーの黒、シャンデリアやヨーロッパの家具……。

「触ってみたいなあ……」

店に入って、店員を呼んで説明させ、実際に着てみました。

バーバリーのコートには織りムラなんかがひとつもない。縫製もしっかりしているし、ボタ

天津には旧租界のみならず、中原公司という立派な百貨店もあった。戦争中にもかかわらず、それらの華麗なショーウインドウは居留邦人にとってヨーロッパへの入口だった。昭和16年12月、一兵卒の僕もそのショーウインドウの前にいた。

ンのつけ方もきちんとしてる。

それは、イエガーのカーディガンにも言えました。

いい生地やカシミアを使って、実用的に作られているだけじゃなくて、思わず手に取ってみたくなる見事なデザイン、そしてなにより、着ていることを自慢したくなるシルエット……。

僕は、あの時、ヨーロッパの一流品の秘密を嗅ぎわけたな、と思いました。

つまり、これらの一流品は実用性だけでなく、人間の持っている「美」への憧れを満足させるように作られているんだ、ということがわかったんです。

「よーし、戦地から帰ったら、こういう本物を売るんだ！」

これが直感。そして、その「カン」が僕にここまで商売を続けさせてくれた原点です。これもあとでお話ししますが、「カン」は商売をやる上で、一番大切なものです。

とにかく、陳列されていた商品が、「美」の追求によって生まれた作品なんです。もちろん、当時の僕にはブランド名など知る由もない。

ですから、その時の僕の商品の見方、選び方はいまの人たちのように、「ブランド品だから美しい」というものではなかった。商品を手に取って触ったり、着てみたりして、実用性も吟味しながら、「美しいなあ」と僕が実際、肌で感じ取った直感が、たまたま、いまで言うブランド品だったわけです。

のちに、僕の考えが正しいことがわかりました。なぜなら、グッチもエルメスも、元はと言えば、「美」の追求からはじまったんですから。

グッチもエルメスもフェラガモやルイ・ヴィトンも、小さな工場で彼らが自分たちの「美」を追求していくうちに、やがて世界的なブランド品になっていったのです。

この発想は、商人にとって重要です。

なぜなら、ここには最初っから「計算」が入っていないからです。

商売をやろうとした時に、こうやればいくら儲かる、原価がどうだとか、そんなことからそもそもはじまっていないんです。

「誰のために」「何の目的で」「理想の美を求めて」ということをまず考える。計算はそのあと。

もしあなたたちが新しい「商い」をはじめたいなら、そこからはじめてください。単に「儲かるから」やるのではなく、「自分の理想を追い求めて、その実現を目指して」やる。

そうすれば、そこには夢があるじゃないですか。理想がそこに存在するじゃないですか。勇気もいるでしょう。知恵もいる。涙を流すことだってあるかもしれない。そのかわりに、どんな大金にもまさる喜びを味わえるかもしれない。

そうしたら、たとえ不眠不休でも、資金繰りに苦労しても、自分がやっていることに決して飽きない。だから、「商い」は「飽きない」に通ず、と言うんです。

——いいこと言うね。我ながら感心するよ。こういう話になると、自分でもどんどん盛り上がってくる。やっぱり、これまでの自分がやってきた体験、実際に自分の五感で感じ取ってきたことだからだね。

「カン」と「情」、これが「勘定」につながる。だから、計算はあと。いまのヤツらはコンピューターで計算ばかりしてやがって、「カン」も「情」もありゃしない。ただ数字をいじってばかり。

商人はそれじゃいけないんだ。自分の「カン」を磨く。情を育てる。それからそろばんだ。

僕は基本的に勉強は好きじゃない。だから、経営学の本なんか、読んだことなんかないし、そんなもの読まされた日にゃ、すぐ眠くなっちゃうよ。睡眠薬いらないもの。第一、本を読む時間があったら、商品を触って手触りを確かめたり、お客さんがいま何を考えていらっしゃるか想像したり、時代はどう流れているか匂いで感じたりしたいもの。

医者でもそうだろ。こっちが「頭が痛い」って言ってるのに、「おかしいですねえ。どこも悪くありませんけど……」なんて言いやがる。目の前の患者が痛いって言ってるじゃないか。

こういう医者は勉強ばかりしてきたヤツに多い。いい医者はね、検査でなんにもないと、「ああ、この薬飲んで、休んでくださいね。今日は働かないように。帰ったら薬を飲んですぐに寝る、いいですか」なんて言って、ちょっと眠くなるような薬の入った胃薬をくれる。

翌日、すっきりして、「ありがとうございました」だよ。医者からみれば、患者はお客さんなんだから、そのぐらいの融通をきかせなけりゃ。

なんの話だったっけ。ああ、天津、天津。

「運と縁はついて廻る」激しい戦闘の中の商人魂

それから、皆さんに話しておきたいことは、当時、戦争に行くということは、死ぬということだったんですね。なにしろ、僕が出征する時には、父が見送りに来てくれた人たちに「息子はもう二度とこの家には帰ってこないと思っております。どうも本日はありがとうございました」と挨拶して、みんなに「茂登山長一郎君、万歳!」なんて送られたくらいですから。

まさに軍歌じゃないけれど、「死んで帰れと励まされ」です。

ああ、そうそう。ひとつ言っておかなければならないのは、僕の名前は本当は「長一郎」なんですけどね、母が姓名判断に凝ってまして、家族の名前をみんな変えたんです。

僕はそういうことを信じませんから、母から改名をすすめられても、まったく無視していたんですが、ある時、戦地で准尉に呼び出されて、「お前のお母さんが、軍隊の名簿のお前の名前を変えてくれって、名刺まで送ってきた。親孝行してやれよ」って笑って言うんです。

僕が言うことを聞かないんで、そこまでしたんでしょうから、母の気持ちをありがたくいただいて、以来、茂登山長市郎となったんです。戸籍までは変えてませんがね。

母親も僕が戦死する確率が高いと思ったんでしょう。

実際、僕は何度も死に直面しました。

天津の近くの廊坊《ろうぼう》で初年兵の訓練を三、四ヵ月受けたあと、いよいよ戦地に入り、河北省の顔各荘《がんがくそう》という村に駐屯していたんです。僕は中隊長付きで、いつも指揮班と行動を共にしながら、その日の陣中日誌や戦闘詳報を書いていたんです。

ところが、ある日、僕は歩哨に立った。歩哨というのは敵襲を見張る役目です。中隊本部の城壁を巡回していた夜のことです。肩に銃をかけ、あたりをうかがいながら、なにげなく片手を城壁に触れた瞬間、指先にチカッとした痛みを感じたんです。あわてて手を引っ込めたんですが、もう時すでに遅し。サソリに刺されたんです。

すごい高熱に冒され、昏睡状態に。たまたまその日は、僕の中隊が隣りの村に駐屯している別の部隊に戦況の連絡をしにいく日だったんですが、僕がサソリに刺されたので、僕を残して、松浦少尉以下二十三名が出発した。ところが、中国兵に待ち伏せされて襲撃を受け、少尉以下、全員戦死。

戦友たちには申し訳ないが、人間、どこに運があるかわかりませんね。それが最初の命拾い。

部隊の再編が行われて、次に持っていかれたのが、当時の満州の阜新《ふしん》。その頃はどういうわけか、僕は精鋭部隊に配属されていましてね、戦闘の激しい場所へと移動させられるんです。で、その阜新に行った時も、途中で飲んだ水がいけなかったのか、部隊の中にアメーバ赤痢が流行りまして、バタバタと仲間たちが死んでいったんです。

僕もその時、陸軍病院に運び込まれたんですが、これも助かった。治ったと思ったら、今度は京漢《けいかん》作戦で南下。この戦いの途中で中国軍によって黄河の橋が破壊された。それで急遽《きゅうきょ》、工兵隊が吊り橋を作ったのですが、この長い吊り橋を渡るのが大変。これが昭和十九年の四月だったかなあ。

闇夜を利用して吊り橋を渡るんですが、気づかれると、敵の集中攻撃を受けるわけです。下はゴーゴーと流れる黄河ですからね。ゴーという川の音の間に、ピューン、ピューンと鉄砲の弾丸が飛んでくる。その中を揺れる吊り橋を渡っていくんです。その時の恐怖は今でもよく覚えています。

その後、いくつかの作戦に加わり、そのたびに戦闘があったんですが、昭和二十年の一月二十三日、「遂贛《ついかん》作戦」の戦闘では、突撃した僕らの中隊十八名のうち十三名が戦傷死（馬溪灘《ばけいだん》付近の戦闘）。

この戦闘で、僕は着剣（銃の先に剣を差すこと）をして突撃しようと思ったら、剣の龍頭《りゅうとう》（柄《つか》の部分）に敵の弾が当たって変形していて、剣を銃に差すことができない。それで仕方なく、右手に剣を持って突撃した。よく考えたら、敵の銃弾が僕の持っている剣の龍頭に当たっていたということは、ちょっとそれていたら、弾が僕の腹を貫通してたってこと。だから、その時も、辛うじて命は助かったということ。

そして、忘れられないのが、昭和二十年の七月末。

その時、僕たちの部隊は退却する本部隊をスムースに逃がすために、部隊の最後尾に陣取って、敵を追撃前進させないという役目を帯びていたんです。

山を背中にした一軒の家に立てこもり、とにかく銃をぶっ放す。そうすると、敵も近寄れない。その間に夜になって、本隊は後ろの山を越え、川を渡り、どんどん逃げる。僕らも距離をおいて、適当なところでサーッと退却するわけです。

それは、忘れもしない、斉家塘《さいかとう》という集落でした。

夜になり、雨が降ってきた。

「さあ、行くぞ！」と中隊は、闇にまぎれて退却をはじめたんですが、その時まだ僕は鶴永准尉と戦闘詳報を書いていて、逃げ遅れてしまったんです。

逃げ遅れたのは鶴永准尉、石川衛生兵、それに初年兵の村松一等兵と僕の四人だ。十分ぐらい遅れて出ようとしたら、いつの間にか敵に囲まれていた。敵の一斉射撃。

あわてて村の無人の一軒家に飛び込んだのはいいけれど、そこが入口兼出口。ここから出ようとすれば、敵の一斉砲火が待っている。

「どうしよう」

「とにかく銃を撃ってるしかない。初年兵、お前、撃ってろ」

それで、彼も威嚇《いかく》射撃を繰り返したんですが、初年兵だからだろうか、常に同じ場所で撃っていた。そのうち、向こうが狙って撃った弾が、彼に命中。バサッと倒れた。意識がない。よく見たら頭を撃たれていた。

銃を撃ったことのない衛生兵が「ちきしょう、ちきしょう！」と泣きながら初年兵の銃を持って代わって撃っている。衛生兵は僕が日本橋だと言ったら、銀座の帽子屋に姉が嫁いでいると言って、すごく喜んでいた。その衛生兵が、いま滅茶苦茶撃っている。

僕は、准尉に言った。

「ここで三人、手榴弾で自決しましょう」

どうせこのまま戦って、敵になぶり殺しにされるくらいなら、いっそ自分の手で死んだ方がましだ、と僕はその時思ったのです。

ところが、准尉は冷静だった。

「待て、茂登山、死ぬのはいつだって死ねる。来い、茂登山」

と言って、家の後ろの壁のレンガを崩しはじめたんです。土のレンガですから、一個はずれれば、簡単に穴があきます。二十分ほど、ふたりでやった。その間、衛生兵が必死で撃ちまくっていました。

「衛生兵」

准尉は冷静な声で撃ち続けている彼を呼びます。

「村松の腕を切り落とせ。それが形見だ。茂登山、お前は村松の腕を布で巻いて背中にしょっていけ」

衛生兵は持っていたピストルで初年兵のとどめを刺し、刀で右腕を切り落とした。

「行くぞ！」

背中に初年兵の腕をしょった僕が先頭、牛乳ビンの底のようなメガネをかけた衛生兵が真ん中で、准尉は後ろを牽制《けんせい》しながら、三人で雨の中夜の田んぼを走って逃げました。田んぼを行ったのは、道を歩くと敵に見つかりやすいからです。

しばらく闇の中を走って、「もういいだろう」と思って道に這《は》い上がりました。すると、道のところどころに米粒の山が続いているじゃないですか。

咄嗟《とっさ》に、これは自分たちの部隊が、遅れてしまった僕たちのために、道しるべをつけてくれたんだ、と思いました。本来なら先を急がなければならない退路で、時間稼ぎをしながら、僕たちが追いつくのを待っていてくれたのだと思うと、涙が止まりませんでした。

「急ごう！」

そして、とうとうわざわざゆっくり退却してくれていた中隊の最後尾に追いつきました。

「おーい、おーい」

その時の感激は一生忘れることはできません。

あとで聞いたら、四名が完全に包囲されたことを知った時、助けに行くかどうかで揉めたそうです。大隊長の「捨てろ。四人を助けるために、また新たな犠牲者が出る」というひと言で、僕たちはやむなく見捨てられることになってしまったのですが、その時、小澤中隊長が自分の部下たちにこう命令したそうです。

「俺たちは急がない。隊列のひとりひとりの間隔をできるだけあけろ。そして最後尾は、もし、あいつらが逃げてこられた時に、決して道に迷うことがないように米を少しずつ置いていけ」と。

その話を聞いた時ほど、感激したことはありません。

その時死んだ初年兵は二十二歳。衛生兵と僕は、二十四歳。勇敢だった准尉は、三十二歳でした。


これは、僕の戦争体験のほんのごく一部ですが、これだけでなく、僕は何度か「死」に直面しています。

いま思えば、僕がこうして生きて帰れたのは、まさに「奇蹟」だと言うことができるでしょう。つまり、僕は大変に「運」がよかった、というわけです。サソリに刺されなければ、みんなと共に行動したわけですから、あの時の小隊長と共に間違いなく戦死していますし、アメーバ赤痢の時だって、一緒に戦った仲間たちがたくさん死んでます。

ましてのこと、さっきお話しした斉家塘の戦いでは、鶴永准尉がいなかったら、きっと僕は手榴弾で自決していたでしょう。また、クリスチャンだった小澤中隊長でなかったら、僕ら四人を絶対に待っていてはくれなかったでしょう。僕らは、部隊を追いかけ、いつしか道に迷い、どこかで敵に見つかり、戦死してたでしょうね。

やはり、「死んで帰れと励まされ」は、本当のことだったのです。

しかし、僕は生き延びた。これもなにかの縁なのでしょう。

まさに、幸運の連鎖としか考えられません。

こうした「運」は、実は、皆さんの誰でもがお持ちなんだと思います。

たとえば、今、生きていることも、ひとつの「運」です。ただ、当たり前だと思わず、いつも「運」と「縁」というものを大切にすること。そうすれば自然に人間らしい感謝の気持ちも生まれてくるというものです。

ましてや、商人は、そういうことにいつも感謝の気持ちを持っていてください。人間には一生涯、「運」と「縁」がついて廻《まわ》ることは、間違いないんですから。

「札束を鉄帽に隠して」戦闘に参加する商人根性

——今頃、戦争の話なんかして、シラケないかな。

でも、斉家塘の戦闘の時、僕と衛生兵が二十四歳、死んだ初年兵が二十二歳だもんな。今、ブランドのアウトレットに車で買いに来てるお兄ちゃんたちと同じ歳とは思えない。

時代がちがうって言われたらそれまでだけど、やっぱり「死」と直面してきたヤツはきっと強いんだよ。

ああ、そうだ、そのあと、おもしろい話があるんだ。これ、映画になるよ。実際、フランキー堺さんが「長さんの半生を映画にしたい」って言ってきたことがあったな。彼もとっくに死んじまったけど。

そうそう、あの姑娘《クーニャン》の話、してやろう。きれいな娘だったなあ……。

それで、僕たちが中隊に追いついて、「あー、助かった」と思って行軍したあと、しばらくして、湖南省の盧家洲《ろかしゅう》という当時の中国にしては珍しい裕福な街に出た。

もちろん、その街の人たちは日本軍が来るっていうんで、もう僕たちが行った時はもぬけの殻だった。それで、その中でも一番大きな家に入っていったら、人がいた。この街の町長だっていうんだ。

それで、すぐに縛って、部屋に監禁したら、どういうわけだか、娘がいた。これが、色の白い切れ長の目に柳腰、それは本当にきれいな姑娘だったんです。その娘が怯《おび》えてね。そりゃそうだ、日本兵に捕まったら、なにされるかわからないんですから。

僕たち四人を待っていてくれたくらい、中隊長はやさしい人だったから、その時も、その親娘を殺すことなく、自分の隣りの部屋に軟禁したんです。

僕もできるだけふたりを安心させてやろうと思って、しきりにおどけたり、笑顔を見せてやった。すると、翌日からは、娘の方からも笑ってくれるようになった。

そうなると、兵隊たちが黙っちゃいないんですよ。夜になると、その娘をからかいにみんな来るんです。女に飢えてますからね。しかも、ものすごい美女なんだから。その親娘を守れというのが中隊長の命令だった。

荒くれ曹長が酒に酔って、娘をからかいに来ると、僕が立ちはだかる。

「いけません」

「なんだ、てめえ、俺に文句つけるのか」

「中隊長殿の命令であります！」

たった四、五日の駐屯でしたけど、毎晩、そうやって親娘を守っていたら、いざ、その街を去ることになった日、その娘が黙って僕に、彫刻がいっぱいの象牙の扇子をくれた。扇子の骨一本一本にすごく細かい彫刻がほどこされていたんです。かなりの値打ちもんでしたよ、あれ。感謝の印だったんだろうね。殺されると思っていたんだから。

その時に、父親の方が、これも感謝の印だろうね、札束を僕の前に出して好きなだけ持っていけっていうんです。金なんか兵隊には必要ないんですよ。生きるか死ぬか、なんだから。

でも、ここが商人《あきんど》なんですね。

できるだけ大きい数字の札束を四、五束いただいて、それをかぶっている鉄帽の裏にうまくしまい込んだ。咄嗟に、なんかの時に役に立つだろうと思ったんです。実際、金は役に立ちましたよ。荷物運びをしている中国人に少しずつあげたら喜んでね。ほかの兵隊の何十倍も僕のために尽くしてくれたもの。

なにかあるたびに、誰にも気づかれないように、そっと鉄帽から札を抜き出しては、その金を使っていた。

最後は捕虜になって、武器から姑娘から貰った思い出の扇子まですべて取り上げられてしまいましたけど、金はうまく隠して、結局、その金で無錫《むしゃく》の歯医者でね、金歯入れちゃった。

これが、商人《あきんど》根性ってやつなんでしょうね。


――いやあ、それにしても、あの娘は、ほんと、きれいな子だったね。映画だったら李香蘭にでもやらせたい感じだったな。李香蘭は古いか。

中国の金持ちの家では、娘は嫁入り前に人目にさらさないんだな。外に出さない。だから、肌なんかきめ細かくて、触りたいぐらい、真っ白なんだよ。

いま思うと、握手ぐらいしておけばよかったなあ……。

扇子を僕にくれた時の情景は、いまでも思い出すねえ。

「え、これを僕に？　いいのかい」

身振り手振りで聞く僕に、黙ってうなずく彼女の笑顔。ああ、あの目、あの香り。

なに、にやついてんだ。馬鹿だねえ、この顔。

でも、僕も当時は純情すぎるくらい、純情だったもんな。日本にいた時、吉原に連れていかれたって、そのまま帰ってきちゃったくらいだから。そのぐらい、ウブだったんだね。だって、戦争から帰って、ワイフと結婚するまで、実は童貞だったんだから。なに胸張って言ってるんだ。そんなこと自慢したって一文にもなりゃしないや。

「金はどう流れるか」商売の基本は、まず資本作りから

中国で捕虜になって半年ほどは道路工事をやらされたりして、やっと日本に戻ってきたのが昭和二十一年の三月。

東京に帰ってきて驚いたのなんのって。一面、焼け野原ですから。あたりに建物がなにも残ってないんだから、駅のホームから遠くの方まで見えましたよ。

浅草橋のホームに降り立った時、「ああ、もう家族はみんな死んだ」と思いましたね。途方に暮れて、一時間ぐらいボーッと座ってました。

その時、ホームへ吐き出された人たちの中に知り合いのおばさんがいたんです。

「おばさん、僕ですよ。メリヤス屋の長市郎です」

「まあ、長さん、あんた無事で帰ってきたんだねえ。うちの子は戦死したよ。あんたの半年くらいあとに召集されて、南方に行って……。それより、あんたのお母さんを早く喜ばせてあげなよ、いくら手紙を出しても返事がないから死んだと思ってるから」

「え、おふくろたちは生きているんですか」

聞けば、東京大空襲の前に家族は新小岩に疎開したって言うんです。

おばさんは僕を新小岩に連れてってくれ、そこで家族と再会できたんです。みんなは、もう僕が戦死したと思ってましたから、その時、まるで幽霊でも見ているような顔をしてました。

——それにしても、あの頃は「生きているのがおかしい」時代だったんだよな。家族はもう僕が死んでると思ってたし、僕だってあの焼け野原を見た時は、家族は死んだと思ったもんな。運がよかったとしか考えられないよ。僕はよくよく「運」が強い。感謝、感謝。

で、父に商売の話を聞くと、配給会社になっていた「サン　メリヤス」は僕が出征してまもなく国の方針で閉鎖され、今は有楽町の駅前でささやかに日用雑貨を商っていると言う。

翌日、さっそく、行ってみました。このあたりが商人の息子なんですね。帰ってまず家の商売の様子が気になって仕方がないんですから。

有楽町駅前の皇居側に毎日新聞本社のビルがあって、そこは直撃弾を受けずに焼け残ってました。そのビルの一階に小さな商店が戦前から二、三入っていたんですけど、そのわずか二、三坪の小さな店が父の店でした。

当時「日興商店」という看板が寂しそうに掲げられていました。

もともとこの店は「サン」といって、「サン　メリヤス」の商品を売って商売していたんですが、横文字禁止になって「日興商店」に名前を変えたものの、「サン　メリヤス」自体がダメになったので、やっていけない。父はその店の権利を買い取って、細々と日用雑貨を並べて商売していたのです。

羽振りがいい頃には、着流し姿であれだけ派手に遊び回っていた父なのに、いくら食うためだとは言いながら、国民服を着て、よくもこんなちっぽけな場所で商売をやってくれていたと思いましたね。

父が売っていたのは、軍用だった手袋、ぺらぺらのスフの下着や靴下、あとは帽子とか、アメリカ人相手の日本人形……、そんな程度のものでしたね。

さあ、僕の出番だ、と咄嗟に思いました。

しかし、「サン　メリヤス」を再興するにも先立つものがない。手っ取り早く金を稼ぐ方法を考えなければいけない。

どんな商売だって、元手がいる。

どうやって、資本金を作るか、僕は徹底的に考えました。

今の皆さんは、貯金があるでしょう。どんなにない人だって、五万や十万はあるでしょう。その当時の僕には、それすら満足にないのです。

いったい、今の世の中、金はどう流れているのか。

誰がその流れの中で、金を吸い取っているのか。

その流れに途中からどうやって乗っかっていけばいいのか。

まさに、商売の「いろは」の「い」、すなわち、元手をどうするか、そこから江戸っ子長さんの商人道《あきんどどう》の第一歩がはじまったんです。

もし、なにか商売をはじめてみたいと思っている人がいたら、ぜひ、参考にしてください。

「心に軍旗を持て！」商人に必要な強い「志」

その時の僕は、最初から「サン メリヤス」の復興しか頭にありませんでした。

それには、まず金がいる。しかし、父がいま商っている方法では食うことだってやっとのこと。それでは、いつまでたっても、復興などできない。

僕は、闇の商売をすることにしたんです。

もちろん、闇の商売は法律で禁止されている。しかし、この時代、生きるか死ぬかギリギリのところにいたんです。いわば、戦場です。人を殺すのがいけないのは当然のことです。だいたい、僕は戦争なんか反対です。でも、殺さなければ殺される。それが戦場の恐ろしさです。

あの時闇商売をしたのも同じような状況だったのです。

どうせ何度も死に損なった人生、これからの人生はグリコのおまけのようなものだ。

戦争中は、たなびく連隊旗の下、我が大日本帝国のために命をかけて戦ってきた。

その時と同じように、僕の心の中に、「サン メリヤス」を復興するという旗がひるがえっていた。まさに、それが僕の軍旗だったのです。その旗印を掲げることによって、勇気が生まれ、法律に触れる闇の商売をすることも、さも当然のように思われたのです。

――まったく、そうだ。人間、なにかはじめようという時には、心の中に旗を掲げることが必要なんだ。いまの人はそれを忘れている。

心の中に軍旗を揚げ、その旗に忠誠を誓う。

そうすれば、なにも恐れることはない。

貧しい人にお金を配るために、大金持ちの家に泥棒に入った鼠小僧だって、富の分配という錦の御旗があればこそ、大衆から支持されたんだ。赤穂浪士だって、そうだ。「主君の仇討ち」が旗印だ。だから四十七人が団結した、なっ、長さん。

自分で自分に言い聞かせてどうするんだ。

とにかく、商人がなにかはじめようとする時には、そういう「志」がないとダメ。

まあ、それが、僕の場合は「サン　メリヤス」の復興だったわけだ。

で、僕は闇の商売を嫌がる叔父を口説いて、綿糸や毛糸を扱う糸屋を紹介してもらったのです。

そして、有楽町の闇市に行き、自転車を買った。まず、足の確保だ。商売するには、足がないと動けない。今なら、車ですね。金は、復員してきた時に手渡された金六百円のうち、四百円投資した。この発想も、商人ならではのことだと思います。

そして、その自転車に乗って、叔父が紹介してくれた埼玉県の糸屋に向かったんです。そこで、残った金のうち、百五十円で糸を買ったんです。どのくらい糸を買えたと思いますか。ほんのひと握りでしたよ。我ながら情けなくなりましたよ。これで、全財産ほとんど全部使ったことになるわけでしょ。

もう、このひと握りの糸が頼りです。大事にポケットにしまって、自転車をこいで、埼玉から有楽町の闇市に戻り、闇市の売人に綿糸を見せた。

すると、闇市の売人は黙って三百円で買ってくれたんです。運んできただけで、あっという間に二倍になった。そのくらい、戦争で糸が不足しているってことですよ。もちろん、闇屋はその糸をまた倍や三倍で売っても、すぐ売れるわけですから。

そうした金の流れがわかったら、どうします?

また、同じことをして、倍、倍にしていくでしょう。僕もそうしました。手元に入った三百円で埼玉にまた行き、糸を買って戻り、六百円の金に換えた。そしてその日のうちに六百円分の糸を買ったんです。

これを有楽町に持っていけば、千二百円になるわけですから、こんなうまい話はないわけです。百五十円の元手で、わずか三日で約十倍。まさに倍々ゲームでした。

「何が今、ないか」それを探し出すのが商人の嗅覚

いま、ここに毛糸があるとしますね。

皆さんなら、どうしますか。元手が五百円だったとすると、これを有楽町の闇市で売ると倍の千円になります。

でも、何度も同じようにこんなことをしていたら、闇商売ですから、いつか見つかってすべて没収される危険もありますね。僕は考えた。これを編んで、靴下にして売ればいい、と。

これが商人。こういうことは、コンピューターは教えてくれないだろ！

――「だろ！」はいけねえや、「だろ！」は。「でしょ！」と言わなけりゃ。

どうも、最近、うちの社員がコンピューターばかり頼りにしてやがるから、こういう話になると、つい力が入っちゃうよ。「会長、そうはおっしゃいますが、データによりますと……」なんて言いやがる。データも出ないもあるかってんだ。商人がカンと知恵を働かせなくなったらおしまいだよ。

毛糸を仕入れ、靴下に加工して売る。それは、いいアイデアでした。ところが、この靴下を作ってくれる人がいない。父や叔父に尋ねて昔「サン メリヤス」の下請けをしてくれていた

靴下職人の家を聞いて探したのですが、みんな焼けて、編み機がないと言う。

編み機が東京にないということは、靴下そのものがないということです。実は、ここに商売の大きな「チャンス」が生まれたんです。

商売の「チャンス」については、あとでゆっくりお話ししますがね、この商品が「あるか、ないか」「高いか、安いか」、お客さんが「欲しがってるか、そうでないか」の落差が大きいほど、「チャンス」が生まれるんです。ですから、編み機を持っている家をもう必死で探しましたよ。ありました、目黒の近くの戸越銀座に一軒だけ。

で、その人を拝み倒して、とりあえず、派手な柄の縞の靴下二足だけサンプルを作ってもらい、例の有楽町の闇市に持っていきました。

そうしたら、売人が「この靴下、どうしたんだ？」という顔をして、どっかの音響メーカーの犬みたいに、首をかしげてました。その上、値段をなかなかつけてくれないんです。聞けば、柄物の靴下なんか、売ったことがないと言うんです。

そして、最後に黙って百円札を出した。靴下二足で百円。一足五十円ということになります。この人は、一足百円で売るつもりなんでしょう。

いま手元にある毛糸で、靴下が五十足できる。ということは、五百円で仕入れたものが、靴下にすれば五倍の二千五百円になるわけです。編み代を払っても十分商売になる。しかも、柄物の靴下なんて市場にないということは、高く売れるに決まっているということです。

それから、とぼけて、いろいろな店に寄っては、「靴下はありませんかね」と聞いて回ったが、どこも「靴下はないよ」と言うじゃないですか。

銀座を歩いている人たちの足を見ましたが、素足か足袋でした。当時は靴下といっても、軍足といって、白か国防色、色無地のものしかまだなかった時代です。

しめた！

広いこの東京に、柄物の靴下がない。ないものは人が欲しがる。

僕は、この時、闇の「靴下王」になれると思いました。

つまり、商いにはこの「何が、今ないか」「人は何を求めているか」を嗅ぎわける嗅覚が必要なんです。実際に町を歩いて、五感で感じるもの、それを信じるのです。

残念ながら、今どこもかしこも大流行のコンピューターというものは、「今あるもの」を処理するだけで、「今ないもの」の答えは出せないでしょう。

ざまあみろとは決して言いませんが、このことを、よく胆《きも》に銘じておいてくださいよ。

「商品には付加価値を」商人の飽くなき努力

予想通り、柄物の靴下は作っても作っても売れました。

新しい納入先も開拓しましたから、製品はひっぱり凧《だこ》です。当時、闇市は有楽町だけでなく、新橋にも、上野、浅草はじめ、いたるところにありましたから、どこに持っていっても買ってくれました。

やはり、「ないものは売れる」のです。

さらに、冬が近づくと、毛糸の靴下の需要も高まります。毛糸の仕入れから製造販売までの一貫作業で、なんと利益が十万円にまで膨れ上がりました。当時の十万円は、大金持ちですよ。なにしろ、大学出の初任給が千円ちょっとぐらい、コーヒーが一杯五円から十円の時代ですからね。いかに儲かったか、おわかりでしょう。

しかし、僕はここでまた、考えました。

この商売は、きっと誰かがやりはじめるだろう。

そうなると、そこに競争の原理が働いて、今のように勝手に値段をつけられなくなる。敵が現れることによって、仕入れ値段は高くなり、逆に納入値段は下げられる。なぜなら、僕の商売に対抗しようと、敵は高く買い、安く売るという戦術をとってくる可能性があるからです。

そうなる前に、考えておかなければいけない。

そこで次に考えたのが、ワンポイントの刺繡入りの靴下です。それまでの単なる実用品に、「美」というものを加えたんです。そうなれば、敵がたとえ現れても、もう一歩先に行っているから、まだこっちが有利なんですね。

つまり、これまでの実用的な商品に「美」という付加価値を持たせたのです。

もちろん、その分、高く売りました。これがまた、評判を呼んだのです。

この時にわかったことは、戦後まもなくで、まわりはみんな焼け野原でバラックに住んでいるように思いますが、どこかに金持ちはいる、ということです。どんな時でも、どんな国でも、金持ちはいるんです。そういう人たちは、常にいいものを求めます。つまり、必需品ではなく奢侈品《しゃしひん》を欲しがっているんです。

そして、人が持っていないものを手に入れることで、ある種の満足感、優越感を味わっている。「どうだい、いいだろう」「それ、どこで手に入れたんだい」ということで、また宣伝になる。

だから、一般大衆を相手に薄利多売することだけが商売ではない。高くても珍しいものであれば、買ってくれる人がいるということです。

僕が「美」を追求することは、決して間違っていない。それを待ち望んでいるお客さんは必ずいる。そうした自信が、この時に生まれたように思いますね。

当時は、闇の世界で金儲けをした人は、僕にかぎらずたくさんいました。

でも、そうした人たちと僕のちがいは、僕が単に「金儲け」のためだけに走らなかったことでしょう。ほかの人たちは、砂糖に手を出したり、小豆などの闇取引に首を突っ込んだり、ペニシリンなどの薬を裏ルートで手に入れて病院に売ったりして、とにかく儲かるもの、儲かるものばかり追いかけ、一時的には大儲けをしたものの、結局はどこかで大失敗をして消えていきました。

僕は一本道。とにかく横道にそれず、このまま「美しいもの」を追求していけば、必ずお客さんに満足してもらえると思ってやってきました。

この自信がやがて、確信に変わるのに、そう時間がかからなかったのです。

「お客さんは必ずいる」高価な商品をさばくための哲学

当時の僕の店が有楽町駅前にあったということも、今思うと大変重要なポイントでしょうね。皇居のお堀正面の第一生命のビルには、連合国最高司令官マッカーサーがいるGHQがあって、今の帝国ホテルが高級将校たちの宿舎、進駐軍将兵のための「アーニー・パイル劇場」(今の東京宝塚劇場)があり、日本人が使っている建物としては、有楽町駅のまわりに、「スバル座」や朝日・毎日・読売の三大新聞の本社などがあった。そして、もちろん、銀座も歩いて数分だった。

ということは、有楽町は、当時の東京の中心、日本の中心だったんです。なにしろ、あの頃、泣く子も黙ると言われたマッカーサーがいたんですから、あたり一面はまるでアメリカ村。そのまわりには、たくさんの人が集まっているわけです。多くの人が集まるところは、商売ができるところ。

これも、僕の「運」と「縁」だった。

商売を成功させるためには、その店がどこにあるか、ということは大変に重要なんですね。

その意味では、細々でも、たとえ二、三坪のところでも、父がこの場所で商売をしてくれていたことに感謝しなければいけないと思います。

このアメリカ村ともいうべき有楽町で、僕はある二世と知り合い、アメリカの通信販売シアーズ・ローバックやモンゴメリーのカタログを見せてもらった。そこには、ほとんどの日本人が見たこともないような美しい商品が、ページを埋め尽くしていた。

衣料はもちろん、電気洗濯機、掃除機、トースター、ミキサー、冷蔵庫、蓄音機、万年筆、カメラ、ライター、電気スタンド、ソファ、カーテン、ベッド……。

今なら別に驚くほどのものではないですが、まだ日本にトースターなんかない時代、そんな夢のような商品がズラーッと並んでいるのですからたまりません。

「チョウサン、フレンド。ミー、ナンデモテニハイル。ホシイモノ、イッテクダサーイ」

これはやるしかないでしょう。

幸い、今度は靴下で稼いだ資金があります。これをドルに換えて、二世に多少余分に払ってやれば、小遣いになるし、きっと喜んでやってくれると思ったんです。予想は当たりました。支払いは当然ドルです。しかし、今のように簡単には換えられません。

ところが、僕にしてみれば、日本円をドルに換金するのは簡単です。有楽町には、当時パンパンといって、進駐軍相手のいわゆる夜の女がたくさんいたからです。真っ赤な口紅塗って、煙草くわえて……。『星の流れに』なんて唄があったでしょ。知らないか。それから輪タク屋もたくさんいました。

パンパンも輪タク屋もアメリカ人相手ですから、ドルを貰う。ところが彼女たちや彼らは、ドルなんか持っていたって役に立たない。下手に持っていた日には、警察に捕まってしまう。だから、彼らは手にしたドルをすぐにでも日本円に換えたいんです。

こっちも危ない橋を渡りました。なにしろ闇ドルですから。僕は、そのドルを二世に支払って、カタログの商品を手に入れたのです。

これも「地の利」でしょう。

「なんでも手に入るぞ」とカタログの話をそっと新聞記者に耳打ちしたら、さすが彼らはインテリです。ジッポーのライターが欲しいの、パーカーの万年筆が欲しいのと次から次へと注文が来ました。

カタログだけではなく、二世たちはＰＸ（米軍兵士用の店）やＯＳＳ（外国民間人用の店）からも商品を手に入れてくれました。

そうしたお客さんの中に、「ライカはないか」と言う人が現れました。ライカは当時最高級のドイツのカメラです。その人の名は、名取洋之助さん。当時の報道写真の第一人者で、奥さんはドイツ人でした。

これは二世に頼んで、通信販売ではなく、別のルートで五万円で手に入れ、八万円で名取さんに買ってもらいました。

八万円と言えば、高級住宅地でそこそこの家が一軒買えたぐらいの金額です。

ほら、金持ちはいるでしょう。

「宣伝は口コミにかぎる」客が客を呼ぶ

――「あそこに行けば、なんでも手に入る」という僕の店の噂が広まって、いろんな人が来ましたよ。もちろん、そんなことが警察に知られたら御用だけどさ、人っておもしろいね。もし知らせて捕まったら、自分たちも困るっていう場合は、密告なんかしないからね。

いま、「内部告発」が流行ってるけど、あれはみんな恨みからきてるんだ、と思うよ。贈賄だ、収賄だ、なんて騒いでいるけど、たいした金額じゃないことが多い。たしかに仕事の見返りを要求しちゃいけないんだろうけど、みんな多かれ少なかれ、やってるよ。じゃなけりゃ、銀座のクラブなんかとっくにつぶれてる。どうせやるなら、直接、商売と結びつけるなってことですよ。

僕なんか、あの当時、ある新聞社のカメラマンに子供が生まれた時なんか、普通の家庭ではまったく手に入らなかったベビー服をプレゼントして、涙流して喜んでもらったもの。

こういう気配り、これが「情」だ。ここが江戸っ子商人のいいとこなんだ、と思うよ。

えー、その頃の僕は、まわりから「長さん」とか「長」とか呼ばれて、洒落じゃありませんが、皆さんから大変に重宝がられました。中には、僕のことを中国人か韓国人だと思った方もいらっしゃいましたが。

「おい、長公、お前ね、本気で商売をするなら店に椅子を置け。お客さんと座って話すのが商談だ。立ち話じゃできないから、お前のところに来るんだから、な、長公」

そう言ってくれたのは、のちに「広告の鬼」と言われた電通の社長の吉田秀雄さんです。その頃の電通は、日本電報通信社という名の小さな会社で、僕の店にはじめておいでになった頃は、四十代半ばでなかったかと思います。

そんな小さな会社の社長でありながら、彼はいつも仕立ておろしの真新しいスーツを身にまとい、ぴかぴかの靴を履いていました。いわゆるダンディな人だったんです。

それに、この人はとにかく人になにかプレゼントするのが好きで、「おい、長公、ハンドバッグがないか」「いい女性用の靴、仕入れてこい」と、昼、夜二回来て、別々の女性のためのプレゼントを買ってくれたこともよくありました。

奥さんのためだけではないことは一目瞭然でした。何回かそういうことがありますから、吉田さんの特別な女性の好みも僕にはわかってきました。ですから、前もって用意しておいて、「これなんか、いかがですか」などと言うと、喜んで買ってくれました。

支払いは月末です。支払い伝票には明細と共に五十万円と書かれています。大金です。でも、吉田さんは、強引です。「赤ペン寄越せ」と言うなり、明細のひとつひとつの項目の値段を自分で勝手に書き換えてしまうのです。

「おい、これで合計してみろ」

あっという間に十万円ぐらい削られてしまいます。もちろん、儲けは吹っ飛んでしまいます。口の悪い連中は「吉田とは付き合うな」と言います。そのくらいやることすべてが派手な豪快な人だったのです。いやあ、おもしろい方でした。

でも、僕はなにも言いません。なぜなら、この人は値切りたくて値切っているんじゃないのが僕にはよくわかるからです。たまたま、予算がなかったんでしょう。そのくらいのことは見当がつきます。

値切りたくて値切ってくる人には一銭でも負けません。ですから、吉田さんだけは特別だったのです。

商人は目先の利益ばかり考えていてはいけない。損していい時もあるのです。

吉田さんぐらいの人になると、そのことはよくわかっています。きっと、気前よくあっさりと吉田さんの言う通りにした僕に対して、心の中で「これは借りだ。いつかお前に返してやるからな」と思ってくれていたようです。

案の定、翌月からしばらくの間は、まったく赤ペンを持ちません。僕の明細通り払っていただきました。それより、大きかったのは、吉田さんによる「口コミ」だったのです。

吉田さんは「広告の鬼」と呼ばれたくらいですから、顔が広い。政財界はじめ、文化人に会うたびに、「奥さんに舶来のハンドバッグを買ってあげようと思ったら、いつでも言ってください。僕の顔のきく店を紹介しますから」なんて言ってくれたようで、次々といいお客さんが訪ねてきました。

そして、その方からまた別の方へと、噂が広まって……。

すごかったのは、当時の花形産業だった炭鉱主の皆さんでした。北海道や九州の人たち以外にも次々とお見えになりました。買い方も豪快です。トランク一杯に百円札を詰め込んで、買いに来てくれました。ちなみに、当時、僕が衣料以外に扱っていた商品を挙げてみましょうか。時計はオメガ、ロンジン、ロレックス、香水はシャネル、コティ、ゲラン、カメラはライカ、コンタックス、ライターはロンソン、ジッポー、万年筆はパーカー、シェーファー、サングラスはレイバン、ゴルフ用品はマグレガー、ウイルソン、電気洗濯機はGE……。

当時は外国の商品といったら、なんでも珍しかったんです。

ですから、金はどんどん入ってきた。儲けた金は台所の大きな甕《かめ》に入れておいた。なにしろ、闇で儲けた金ですから、銀行にも預けられないんです。

でも、それもこれも、みんな、すべて「人」だったんですね。「人」が「人」を呼び、「人」が僕を育ててくれ、「金」を運んでくれた。

もちろん、取り扱う商品も大事ですけど、「人」が僕という商人を大きくしてくれたことは間違いありません。

ですから、商売は「人」なんです。お客さんも「人」なら、売る側も「人」。「人」という字を見てください。お互いに支え合っているじゃないですか。その「人」という字の真ん中に縦棒を入れると、リッシン偏。これは、つまり「心」という意味になるでしょう。情ですよ。

金脈は人脈から生まれる。人脈がまた金脈へ。いかに「人」が商売には大切か。いいですか、このことを忘れたら、商売は成り立ちませんよ。

人あっての商売ですよ。

「江戸っ子は暖簾を買いに行く」客の気持ちを大切に

――そうだ、商売はまさに「人」だ。

いまの若い人にはそれがわからない子が多い。いいかい、お客さんはね、ただ単に物を買いにいらっしゃるのではなく、その店の親父を、社員を、暖簾《のれん》を買いにみえるんだ。

あの店長の顔が見たいから、店員と話がしたいから、店に来るんだと僕はずっと思っている。寿司屋だって、一杯飲み屋だって、そうだろ。親父やおかみと顔なじみになる、馬鹿のひとつも言う。そうすることによって、お客さんにとっては、うまい寿司が食えたり、たいしたことない酒がうまかったりするんだと思う。

昔の江戸っ子はまさにそうだったね。

いい番頭がいるから、あの店に行く。いい親父がいつも店にいるから、遠くてもわざわざ行く。なにも買わなくたっていいんですよ。それが商売。

ところが、いまの人たちには、そんな気持ちのひとつ、いや、ひとつどころじゃないよ、カケラもないね。参っちゃうよ。たまには、お客さんに言わせてみろよ。「あなたがいるから、この店に来てるのよ」なんて。たとえ、お世辞でもいいから、ひと言ぐらい。

僕なんんか、よく言われたもんですよ。「長さん、あなたに会いに来たのよ」なんて。

「ああ、いらっしゃい。今日あたりいらっしゃるんじゃないかと、今か今かとお待ちしていたんですよ。どうなさっていらっしゃったんですか、まあまあ、お茶でもどうぞ」

なんて言って、お迎えすれば、ひとつ買うところをふたつ、三つ買っていただける。お客さんも気分がいい。そのためにうちの店には洒落たテーブルセットが置いてある。それこそ、茶飲み話でもいいんですよ。

これがいまの若い人にはできない。そのくせ、月給だけはしっかり取っていやがる。逆に言えば、それができる若いのがいたら、その人は伸びるってこと。あっ、細い目が少し釣り上がった。そう、目尻を下げて、長さんらしくニッコリと笑ってか。冗談じゃねえや、まったく。

いま「商売は人なり」ということをお話ししましたが、まさにこれが商売の原点です。

実際、老舗の寿司屋の親父に聞きましたら、親しいお客さんには、その日、その日の顔色や雰囲気を見ただけで、寿司の握り方を変えるし、出すものもちがうんですって。

この方は今夜はお疲れだ、と思ったら、あんまりおしゃべりもしないで、ネタを二、三聞いて、お客さんの食べ具合を観察しながら握るんだそうです。逆に、今日は調子がよさそうなら、冗談を言いながら、「今日はこれがおいしいですよ」なんて、特別なネタを出す。

まさに、お客さんとの阿吽《あうん》の呼吸で、握るスピードも変えるそうです。

逆に言えば、その親父が店にいないとその店はダメだってこと。最近、支店を次々と出す店が多いけど、やっぱり親父の顔が見えない店は、ダメ。自分が住んでいる近くに、いつも行っていた寿司屋の支店ができても、人はやっぱり昔から通っていた親父のいる店に行きます。

自分に会いに来る、自分を頼りに来てくれる、そんなお客さんを何人持っているか、それが店を発展させる源だという意識を持って接客してください。

実は、これが「お得意さん」なんです。「お得意さん」というのは、お客さんが得意になる、お客さんを得意にさせることなんですから。

電通の吉田社長なんか、まさに僕の「お得意さん」でした。

「おい、長公」と言いながら、商品をたくさん買ってくれるだけでなく、「いい店があるんだ」といろんな人たちに、それこそ得意になって宣伝してくれたんですから。

『広くて明るい』よりも『親しみやすくて温かい』」これがお客を呼べる店

しかし、どんなに「商売は人なり」で、いい親父がいても、店のロケーションと大きさのバランスが釣り合わないことには、店は発展しません。

僕の仲間で、闇で儲けたのをきっかけに、いきなり銀座の一等地に四十坪もあるような広くて明るい店を作った人がいましたが、一年でつぶれてしまいました。だからといって、たった二坪か三坪の店で、僕がいつまでも商売していたわけではありません。

昭和二十年代の終わり頃、一軒きちんと借りて、そろそろ会社組織にしようと考えたんです。かといって、どこでもいいというわけにはいかない。それまで有楽町にあった店が北千住に行ったんじゃお客さんも来ませんからね。よくぞここまで北千住じゃ、話にならない。

それで、有楽町の駅をはさんで当時の毎日新聞の別館の反対側、今のマリオンのワンブロック北側に、小さな木造二階建ての店を借りました。一階の入口は間口一間半、前の店をほんの少し広くした程度。でも、入口脇には有名な建築デザイナーに頼んで、特に洒落たショーウインドウを作ってもらいました。

言っておきますけどね、ショーウインドウは店にとっては大事ですよ。店の顔、オーナーのセンスが問われます。基本は明るいことがまず一番、次にひと目見て美しいこと。楽しいこと。よく商品をこぎれいに飾っておけばいい、としか考えない人がいますが、とんでもない。極端なことを言えば、中のインテリア以上に、ショーウインドウにお金をかけるべきです。ただ、僕の店の場合は、当時、まだ闇の商品を売ってましたから、ウインドウの中はできるだけ国産品で、外国製品はすべて一階の奥や二階の倉庫の中にしまっておきましたがね。

店内にはテーブルと椅子。外国製品をお求めのお客さんと商談できるようにしておいたわけです。もちろん、中にテーブルと椅子を置きますと身動きがとれないほど狭くなってしまいますが、なまじ広いより、この方がお客さんにとって温かい感じがするのです。

「広くて明るい」よりも「親しみやすくて温かい」店作り、これが大事。

ですから、僕の新しい店の二階はまるで小さなパーラーのように、カウンターと小さな丸テーブルのセットが三つ、四つあるだけ。

ここで常連さんはコーヒーを飲みながら、待ち合わせや雑談できるようにと考えたのです。女性店員はまるでウエイトレスのようでしたよ。日本茶のお好きな方には緑茶を、コーヒーのお好きな方にはブレンドを、紅茶がお好みのお客様にはダージリンを、とそれぞれのお好みを覚えておいて、お出ししました。

ですから、口コミで有名人がまたまたお出でになりました。田中絹代さん、京マチ子さん、岸恵子さん、司葉子さん、岡田茉莉子さん、淡島千景さん、越路吹雪さん、中村玉緒さん、フランキー堺さん、三船敏郎さんといった映画や芸能関係の方はもちろん、作家の川端康成さんが三島由紀夫さんを連れていらっしゃいましたから。

昭和30年オープンの「サン モトヤマ」最初の店（上）。有楽町駅前の木造二階建てを借りた。その頃の銀座、晴海通りの数寄屋橋交差点近くの夜景（下）。

それで、昭和三十年三月に、設立登記して、株式会社「サン　モトヤマ」が誕生したのです。代表取締役社長が僕、あらたに店員を五人増やして、名実共に僕の店は会社組織になったわけです。最初の資本金は二百万円でした。三十年三月で「サン　モトヤマ」。まさにサン、サン、サンで、縁起のよい出発でした。

その時はじめて、僕は会社の事業の目的を、こう記しました。

「広く世界の各地より国際市場に於《お》いて共通する価値のある一流の商品のみを選択輸入して、国内に於ける販売を通して国家産業の刺激と国民の消費文化の向上に寄与し、以《もっ》てサンの繁栄と従業各員の家庭の幸福と繁栄を計り、業界に於ける真の一流店と為る事である」

これが、僕の戦後の「命をかける新たな軍旗」になったのです。

——ところがどっこい、そうは問屋が卸さない。時代がいつの間にか変わってきて、そろそろ外国商品が当たり前のようにデパートに並びはじめた。外国商品だけじゃないよ。外国商品と似たような国産品も作られはじめた。

しかも、モノによってはこっちより安いから始末に悪い。「広く世界の各地より国際市場に於て共通する価値のある一流の商品のみを選択輸入して……」なんて言ったって、もう三越だの髙島屋だのがやりはじめてるんだから、「国民の消費文化」もへったくれもないよ。

ちょっとあの時の僕は、いま考えれば、時代の流れを読むのが遅かった。

だから、大変だったよ。さすがに頭を抱えたね。

仕方がない。自分で立てた軍旗だ。やるしかない。デパートに交渉して、フェアの前日に欲しいものを買い漁《あさ》ったりね。だから、初日にデパートのお客さんが来ても、いいものはおおかた「売約済み」というわけさ。

そして、それから三ヵ月ほど倉庫に入れて、それを店で売った。こっちはデパートに負けないいいお客さんを持っているんだから。もちろん、売れた。でも、いま思えば苦肉の策だったね。

これが、いまから五十年ほど前の話。当時、僕もまだ三十四、五歳。だから、話はこれからよ。

と、まあ、こんな調子でいいね。

え、車が迎えに来た？　講演の練習してたら、もうこんな時間かい。

わかった、わかった、いま、行くよ。

カラフルなチーフを胸のポケットに入れて、もう一度、鏡を見て、ニコッと笑顔を作る。そうそう、この顔が長さんだ、「いつでも長さんと呼んでおくれ」ってなもんだ。

はい、目黒さん、わかりましたよ。いま、参りま〜す。

＊本章に出てくる中国の地名の表記、読み方については、筆者の意向等により、当時使われていたものを使用しております。

Ⅱ　商売の上手な人　下手な人

「文化を売れ！」僕が舶来屋になった理由

いま、ご紹介にあずかりました茂登山長市郎です。

昭和三十年、時のたつのは実に早いもので、もう五十年も前になりますか、僕は、当時としては大変に画期的な、外国の商品を販売する会社を正式に創業いたしました。それが、今も銀座並木通りに本社を構える株式会社「サン　モトヤマ」です。

「サン」は太陽。未来に向かって常に輝き続ける象徴。もともと僕の祖父が明治時代に「サンメリヤス」というハイカラな名前の屋号の商売をやっていました関係もありますし、常に輝いていたいという意味で、この「サン」をつけたわけです。

実は、僕は、復員して参りました戦争直後から、外国製品を売っておりました。いわゆる闇商売というやつで、ハンドバッグやらネクタイ、ライター、万年筆、電気製品やゴルフセットなどのアメリカ製品を密かに仕入れては売っていたのです。皆さんが、普段おはきになっているリーバイスのジーンズなんか、いまでも大変に人気がありますが、僕は六十年近くも前にすでに売っていたのです。

　有楽町の駅前の父の店の裏の、たった二、三坪の広さのちっぽけな場所を借りて、僕はあちこち飛び回って外国製品を手に入れては売ってたわけです。

　大きな声では言えませんが、儲かりましたよ。戦争直後だと言いましてもね、金を持っている人はたくさんいたんですから。たとえば、旧財閥系の人やら炭鉱関係の新興成金とでも言いましょうかね。そういう方々は、他人《ひと》様《さま》が持っていないもの、珍しい物、高級な物を欲しがりますからね。男性はハンドバッグや靴を買っては女性にプレゼントしたりね。また、女性でも映画女優さんなんかもその噂を聞きつけて、先を争っては買ってくださり、仕入れても仕入れても、すぐに売れて商品がなくなった、そんな時代でした。

　そんな時に、いいお客さんだった、当時日本を代表する写真家の名取洋之助さんから、こんな厳しいことを言われたんです。

「長さん、お前ね、いつまでこんなアメリカのしょうもない物ばかり売っているつもりなんだよ」

　しょうもない物？　僕は最初、名取さんが言っている意味がよくわかりませんでした。お客さんが飛びつくような万年筆やトースターがどうしてしょうもない物なのか。

「売るならね、長さん、もっと美しい物を売れよ。お前さんはいい物を見分ける目もあるし、物のよさもわかっている。だからこそ、言うんだ。これからは単なる商品ではなく、文化を売らなけりゃダメだ」

名取さんは戦前からドイツに行って活躍していた人で、日本人で最初に『LIFE《ライフ》』の表紙の写真を撮った写真家です。奥さんもドイツ人ですから、外国の文化にじかに触れていた。その人が一介の商人《あきんど》の僕に忠告してくれたのですから、うれしいですよ。

「文化ですか」

「いいか、お前たちがいま崇め奉っているアメリカの商品は、すべてヨーロッパがその源だ。外国の商品をこれからも売っていきたいのなら、ヨーロッパの文化を売れ。ヨーロッパに行けば、お前は必ずひと回り大きな商人になれる」

その時、僕は「ヨーロッパの文化を売れ」という名取さんの言葉が、「必ずひと回り大きな商人になれる」という激励とともに、耳について離れなかった。なぜなら、当時、僕のような闇商人たちは、「砂糖が儲かる」と聞けば砂糖に飛びつき、「ペニシリンが商売になる」と知れば薬に飛びついたあげく、結局は、だまされて失敗して消えていった人が多かったからです。商売は金さえ儲かればなんでもいい、と思っていると、最初はうまくいっても、いつか大失敗する例が多かったですからねえ。「商売は金儲けだけじゃ続かない」ということを名取さんが教えてくれた。

出会いというのは、本当に大切です。

よく哲学者が「人生とは何か」という命題に対していろいろな答えを出していますがね、僕なら「人生とは何か」と聞かれたら、自分の経験や体験から「人生とは、その人が誰とどこで出会ったか、ただそれだけのことだ」と言いますね。つまり、人との出会いで人生が作られていく。あとで詳しく話しますが、僕のここまでの人生は、まさに人との出会いで形作られてきたのではないでしょうか。

その意味で、名取さんとの出会いは、僕の人生を決めた最初の貴重な出会いだったと言えましょう。

「買ったのは、実は日本のソニーだった」はじめてのヨーロッパ旅行

さて、日本にようやく自由化の時代がやって来て、もはや、闇の商売は必要とされなくなりましたので、これを機会に、僕は「サン モトヤマ」を銀行や税務署と正式にお付き合いできる組織にいたしました。昭和三十年のことです。

また、当時、有楽町の駅前にあった会社を移転したいとも考えました。なぜなら、駅前の狭い通りにあったので、人通りもあまりに激しく、車も人も止まることができない。こんなところで高級品は売れないだろう、買いに来る人もいないだろうと思い、それから二年後、会社を帝国ホテル並びの三信ビルというところに移したのです。

もちろん、「ヨーロッパの文化を売れ」と言ってくれた名取さんとのお付き合いは、続きました。名取さんは、相変わらず、店にいらしてアメリカの商品を見ては、「長さん、アメリカじゃない、ヨーロッパだと言っただろう」と僕に忠告することを忘れません。

そんな僕に、名取さんに言われ続けていたそのヨーロッパを、この目で実際に見に行く旅が実現したのは、昭和三十四年の春のことでした。

行くといったって、初めてのヨーロッパ。右も左もわかりませんので、元外務省役人の小林さんに通訳兼ガイドをお願いして、ギリシャ、カイロ、ローマ、ミラノ、パリ、ロンドンと約一ヵ月間、各地を旅してまわりました。当時、観光目的の渡航はまだ認められていませんから、外務省を通して、視察という名目で出かけたのです。

その時の僕は、名取さんの言いつけをひたすら守って、「美術館や教会を見る、うまいものを食う、最高のホテルに泊まる」だけが目的でした。ですから、宿泊したホテルも行ったレストランも超一流のところばかり。いやあ、とにかく、ヨーロッパの歴史と伝統を肌で感じ、あまりの文化のちがいとその素晴らしさに、毎日、驚いてばかりいました。

なるほどなあ、名取さんの言う通りだ。目からウロコ。ヨーロッパに来て本当によかった、と思いましたね。

この旅行で驚いたことが、もうひとつありました。

それは、最初に着いたアテネの税関で「ソニー、ソニー」と言われたことでした。「ソニーのトランジスタ・ラジオを持っていないか」ということなんです。

僕はソニーが日本のメーカーだということも当時は知りませんから、もちろん「ノー」と言うしかありませんけど、聞けばそれまで「東京通信工業」と言っていたのを、一年前の昭和三十三年に「ソニー」と社名を変え、上場した会社だと言う。あの時は、驚きましたね。ほら、僕は外国製品を売っていましたから、国産品はまったく世界に通用しないものだと思い込んでいた。それが、「ソニー」のトランジスタ・ラジオは国産品でありながら、ヨーロッパで税関吏が欲しがるほど、人気があるんですから。

帰国してすぐに、僕はこの「ソニー」の株を買ってかなり儲けさせてもらいましたが、このあたりも商人の抜け目のないところですね。この話は名取さんには言いませんでしたけれど。

ともあれ、これが僕のはじめてのヨーロッパ旅行でした。

一ヵ月にわたる訪欧の旅を終えて日本に戻ってきた僕は、さっそく名取さんに報告しました。「おっしゃる通りヨーロッパ各地をとにかくまわってきましたけど、どれもあまりに素晴らしすぎて、正直言って、ただ驚いているばかりで、見るだけで精いっぱいの旅でした」と。

すると、名取さんがこう言ってくれたんです。

「そうか、じゃあ、今度は、言い出しっぺの僕が長さんをヨーロッパに連れていってやろう。僕が案内すれば、いろいろわかるだろう。ちょうど、撮影旅行に行こうと思っていたところだから。ついてきなさい。そうだ、長さんは商人なんだから、ヨーロッパの商人たちが一番力を入れるクリスマス・シーズンに行こう。商品を見るにつけても、店のショーウインドウが最高に美しいクリスマスの時期がいいし、長さんもきっと勉強になるから」

ヨーロッパ文化に詳しい名取さんが連れていってくださるなら、最高です。もちろん、喜んでお供することにしました。

こうして、名取さんに随行した二度目のヨーロッパの旅が実現したのは、昭和三十四年の十一月。カイロ、アテネ、パリ、ロンドン、マドリッド、ドイツ各地、イタリア各都市をまわる二ヵ月間の旅でした。

同行者は名取さんと、その子分で「アッちゃん」で有名な漫画家岡部冬彦さん、それから同じく漫画「クリちゃん」で知られた根本進さん、それに僕で、まるで、桃太郎についていくサル、イヌ、キジのようでした。僕はキジかな。ずいぶんでかいキジでしたけど。

この時も当然、観光目的の渡航はまだ認められていません。ですから、名取さんはともかく、あとの三匹、いや三人は商社の市場調査と商品の買い付けという名目でパスポートの交付を受けたのですが、持ち出せる外貨は一日あたりわずか二十ドル。これで足りるわけがありませんから、僕がそれまでに台所の甕に貯めておいた闇ドルを腹巻の中に巻いて出かけたのです。

闇で儲けたお金は銀行に預けられませんからね。税務署に目をつけられたら、一巻の終わり。

一巻の終わりは古い言い方かな。だから、儲けた金は台所の漬物の甕の中にしまっておいたわけです。その金を闇でドルに換えて、腹巻に入れていくことにしたんです。

　内緒の外貨の用意ができた時、名取さんにまたこう言われました。

「長さん、外貨を持っているからって、ヨーロッパに着いていきなり商品を買うんじゃないよ。何度も言うようだけど、ヨーロッパに行ったら、まず美術館を徹底的にまわって、絵画や彫刻をよく見ろ。教会があったら中に入ってみろ、レストランでうまいものを食べてみろ」

と。つまり、まず芸術文化に触れ、歴史を学び、人々の生活を肌で感じ取る。商品を買うのは、それからで遅くないと言うのです。なぜなら、ヨーロッパで生まれたさまざまな商品は、そうした文化や芸術、歴史の中から生まれてきているということを、名取さんは実地に僕にわからせたかったんでしょうね。

　ということは、ヨーロッパでは、たとえばハンドバッグひとつとっても、「商品」としてでなく、「文化」として売っているということになりますね。また、そうした商品を買うお客さんの民度と言いますか、国民の質も高いということになります。

　パーティひとつとってもヨーロッパとアメリカでは奥深さがちがうし、ましてのこと、当時の日本のパーティに「文化」を感じるのは無理というものでした。

　そうしたパーティに着ていく服、ハンドバッグ、アクセサリー、靴をヨーロッパのブランドは作っているのですから、それを買う人も自分のレベルに合った商品を選ぶことができるわけです。

よく、パリやローマに日本の観光客が団体で押し寄せて、ブランド品を買い漁っている姿を見受けますが、なぜそれが現地の人たちに評判が悪いかは、五十年前に僕が名取さんに言われたことを考えあわせれば、すぐにわかるでしょう。

ひとつひとつの商品には、それぞれの歴史があり、文化があり、それを着たり、使ったりする人への作り手からの愛情やメッセージがあるんです。ですから、ブランド側から見れば、金があるからといって、猫も杓子も買い漁るものではないのです。品質をわかる人に、その商品にふさわしい人に、長く愛用してもらいたいという願いが、ヨーロッパの商品には込められているんです。彼らにはプライドがあるんですよ。

ところが、当時の僕はまだ三十代の半ば。ただの旅行者と同じ気持ちでした。

「よし、ヨーロッパの商品を大量に買い込んで、日本で売ればボロ儲けができるぞ」と意気込んでいた僕への、名取さんの忠告。いま思うと、「よくぞ、あの時に注意してくださった」と感謝しています。

「そうか、それなら、ヨーロッパの文化を売る商人になってやろう」

「商品」なら誰でも売れます。しかし、僕はそうじゃない。できたばかりの「サン モトヤマ」は「文化」を売っていくのだ、という大きな旗が、あの時、僕の心の青空にへんぽんとひるがえったのです。

皆さんの中には、「商品」ひとつ売るのも大変なのに、「文化」など売っていたら食っていけない、と思う人もいるかもしれません。でも、売れる商品は必ずどこかにその時代の文化を担っている部分があるはずです。皆さん方、お若い人で言えば、携帯電話だの、液晶テレビだの、僕にはよくわからないパソコンやらゲーム機器、それだって、本来なら、商品を作った人の思想、哲学、その時代の流れ、購買層の生活レベルなど、そうした商品が生まれ出た背景を熟知した上で売るという心構えが、商人には必要だということではないんでしょうか。「文化」を売るということは、そういうことなのです。

それが、実際に名取さんとヨーロッパに行ってみてよくわかりましたがね……。

「カンが閃いたら立ち止まれ」エルメスの衝撃

僕たちはパリに着いた。やはり、一回目に行った時と二回目ではちがう。

もちろん、名取さんに言われた通り、まず、ルーブル、オランジェリー、ジュ・ド・ポームと連日美術館巡りをして、文化の香りをたっぷりと味わいました。ミロのヴィーナスも、ダ・ヴィンチのモナ・リザも本物を前にして、「素晴らしいなあ」と思いました。ほんとですよ。あと、ドラクロア、ラファエロ、ベラスケス、ルーベンス、モネ、ゴーギャン、ゴッホ、ロートレック。オランジェリー、ジュ・ド・ポームでは、マチス、ルノアール、ユトリロ、モジリアーニ、ピカソ、セザンヌ、マネ……。

毎日、うまいフランス料理を食べ、美術館巡りをして、十分フランスの文化に触れた僕は、ミロのヴィーナスやモナ・リザを見た目で、パリの高級専門店に並んでいる商品を見たくなったんです。それで、ある日、名取さんに無理やり高級店街に連れて行ってもらった。そこがフォブール・サントノレでした。

さすがの僕も、この時ばかりは引き綱をはずしてもらった犬のように、思わず駆け出しましたよ。なにしろ、すごい。ショーウインドウが大きくて、きれいなんだ。最初に見たのが靴屋のショーウインドウ。もうガラスにこの長い顔をくっつけるようにして見てましたから。

その靴のデザインが、またいい。闇屋時代に扱ったアメリカ製の靴とは曲線のやわらかさがちがう。気品がある。なんていう店だろうと思って読んだ。「チャールズ・ジョーダンか」。シャルル・ジョルダンなんて知らないんだから。

その隣りの婦人服の店も、ランバンと読めなくてランビン、通りの向こうに渡って、ふと立ち止まったのがヘルメス。もちろんエルメスだけど、ヘルメスだとばかり思っていたんです。この名前も日本では聞いたことがない。それにしても、ここのショーウインドウは強烈だった。バッグや毛皮のコート、そして馬の鞍や蹄鉄、馬車の車輪などの図案が描かれたスカーフなどが美しくディスプレイされていた。

「これはすごい！」

咄嗟にそう思った。深い理由はない。とにかくなにかが閃いたんです。感動したんです。それで、重い扉を押して中に入った。

これが、「カン」です。商人には、この「カン」が大切なんです。なんだかよくわからないが、とにかくすごいことだけはわかった。じゃ、なにがすごいのか、と聞かれてもすぐには答えられない。まさに一瞬の閃きです。

そして、ハンドバッグとスカーフとネクタイを買いました。翌日も手袋とベルトを買いました。とにかく、この店にあるものを全部買いたいと思ったのです。もちろん、当時、エルメスなんて日本に入ってきていませんから、日本人のほとんどが知らなかったんです。

まさに「カン」のなせる業《わざ》でしょう。普通なら、まず、日本でも知れわたっている商品を買うでしょう。でも、僕は町を歩いていて、「これはすごい」と立ち止まった自分の「カン」を信じて店に入っていったのです。

フランスからスペインにまわった僕は、マドリッドでプラド美術館を見学、ゴヤの『裸のマハ』をはじめ、ベラスケス、グレコなどの名画をじっくりと観察しました。ここにはフランスとはまたちがった重厚なヨーロッパの文化が根づいていたのです。

そして、町の中を散歩中に、やはり立ち止まった店がありました。その店はスペインの代表的な建築家ガウディが建てたらしいビルの一階でした。入口のショーウインドウには、革製品のハンドバッグや財布、コートがきれいに陳列されていました。店の名前はなんと読むかわかりません。

「ロエベと読むんだよ。ドイツ語だ」

名取さんに教えられてはじめて、名前を知ったのです。

これも「カン」のなせる業。

ですから、皆さんも最初から名前を見てその店に入らないことをおすすめします。ウインドウショッピングをしながら町を歩いていて、突然あなたの足が止まった。そこにはなにか、惹《ひ》きつけるものがあるんです。これが、人間のカンです。

実は、そこに商売の「ネタ」が隠されています。

自分はなぜ、ここで立ち止まったのだろうか。あとで、そのことをよく考えてみることです。商売に欠かせない「感情」と「勘定」の「カン」はまさにその「カン」なのです。つまり、言い方を換えれば、商売の半分は「カン」が閃いた時に既に決まっているということが言えましょう。

こういう話をすると必ず、「どうして足が止まったんですか」という質問をする人がよくいる。そんなことその時はわからない、って答えるんです。本当にわかりゃしないもの。あとでゆっくり考えてみれば、異様に美しく感じたとか、新鮮に見えたとか、理屈はいくらでもつけられますがね、その時はまさに「閃き」以外のなにものでもないんです。

実は、その「カン」を養うためにも、名取さんは僕に「美術館巡りをしろ」と言ったのではないでしょうか。

「売れる店は売れる場所にある」大切なのはそのロケーション

この年のヨーロッパ旅行で、気がついたことがひとつあります。

それは、高級店のロケーション。

たとえば、パリの高級店が建ち並ぶ通りは、道幅はシャンゼリゼ大通りほど広くないが、車がすれちがうだけの幅がある。だから、反対側に行こうと思えば、車の来ない時にサッと渡れる。

しかも、道の両側には一段高い歩道があって、買い物客は車のことを気にすることなく、ウインドウショッピングができるようになっているんです。

「なるほど、この適当な道幅と歩道があって、両側に店がある。これが高級店が並ぶ秘訣だな」

僕はウインドウショッピングをしながら、そんなことも考えていたんです。これを東京にあてはめるとどういうことになるか。当時の銀座通りは高級店街には向かないということになる。だってそうでしょ。あれだけ道幅が広かったら、反対側を歩いているお客さんは来ないということだもの。わざわざ信号を渡ってまで、戻ってなんかきませんよ。

それに、銀座通りは長すぎる。一丁目から八丁目まで、ずっとウインドウショッピングをする人は少ないだろう。そうなると、高級店街は長くもなく短くもなく、適当な長さが必要だということに気がついたんです。

その時、僕はあることを思い出した。それは戦争で中国に行った時、ふと立ち寄った天津の旧租界の通りがその長さだったことです。戦争中でありながら、いま思えば、ヨーロッパのハンドバッグや靴がきらびやかに飾られてあったショーウインドウ。

そして、スペインに行って気がついたのは、ヨーロッパの高級店街はそのほとんどがパレスの近くにあったことです。

日本にも皇居がある。皇居の近くで、車がすれちがえる程度の道幅で、反対側からもすぐに渡ってこられて、それほど長くない道……。

「そうか、銀座の並木通りが一番じゃないか」

僕はいつの日か、この並木通りが日本の高級品店街になるだろうと確信を持ったのは、実はこの時です。

新しく本店を出すなら、並木通りにしよう！

今から四十年以上前ですよ、そう決めたのは。このようにいつもアンテナを張り巡らせておくことが、商売で人よりひと足先んずるということ。だから、「カン」も働いてくれるんでしょう。これもヨーロッパに行ったおかげ。商品の買い付けだけに頭がいっぱいだったら、こういうことに気がまわらないというわけ。

美術館を見て、教会に入って、通りを見たからこそ気がつくのです。

逆に言えば、「なにか商売したい」と思っているなら、「ここで何を売ったら喜ばれるか」

はじめてのパリ。まだ、人も車も少なかった。この写真を撮ったあと、「ルイ・ヴィトン」の店を見つけた。大きなトランクとボストンバッグがディスプレイされていた。僕はヨーロッパの文化にじかに触れた感激でいっぱいだった。昭和34年。

同じくはじめてのミラノ。ドゥオモの前の広場。この扉のひとつを造ったミングッチという彫刻家に、その後サン　モトヤマのシンボルレリーフを制作してもらうことになった。不思議な縁だった。当時はそんなことを予想だにしなかった。

「この場所は何を売るのにふさわしいか」、その立地条件を生かした、いわばロケーションから商売のネタを考えてみるのもいいかもしれないということです。たとえば、ラーメン屋さんが並ぶラーメン横丁で、一軒店が空いた。もちろん、どのラーメン屋さんよりもおいしいラーメン屋でもいいが、ほかになにかここで売れるものはないか、を考えてみる。まさに立地からの発想です。

「誰も見たことのないものを仕入れる」グッチとの出会い

スペインからドイツをまわって、最後がイタリアでした。

名取さんとは、フィレンツェで合流したのですが、ここでも名取さんは僕をウフィツィやパラッツォ・ピッティの美術館に連れていってくれました。ここではミケランジェロやダ・ヴィンチに驚き、ラファエロやボッティチェリの宗教画に心を奪われました。

でも、ここでも名取さんに注意されたのです。この時の言葉もまた商売人《あきんど》の僕にとって、すごく大事なことだったのです。

「いいか、長さん、よく見ておけよ。有名な画家の絵ばかりに心を奪われるんじゃないぞ。名もない人が描いた絵画にだって、文化の息吹を感じるようにならないと。だから、まず、絵を見て、いいな、素晴らしいな、と思ってから作者を見ろよ。有名な作品だからと思って見ると、価値観がその名前に支配されてしまいがちだからな」

実際、最初のうちは有名かどうかわからずに絵画を見ていたのですが、いくつかの世界的な美術館をまわっているうちに、ああ、ダ・ヴィンチか、なるほどミケランジェロか、グレコかと、僕は、わからないくせにいつの間にか名前の方が先に目に入ってしまうようになっていたんだね。名取さんは、それを的確に注意してくれたのです。

美術館巡りが終わって、自由時間になると、僕はひとりでまたウインドウショッピングをしに町に出ました。

ご存知の人も多いでしょうけど、アルノ川にかかるカッライア橋から旧市街に向かって斜めに伸びている、ビーニャ・ヌオヴァという、さして広くない通りがあります。僕は、ここでも偶然、ある店の前で立ち止まったのです。

「グッチ」という店の名前が書いてありましたが、まったく聞いたことがない。もちろん僕だけでなく、当時の日本人のほとんどが知らなかったと思いますね。

ショーウインドウをのぞいた。すると、それまで見たことのない商品が陳列されているじゃないですか。猟銃の革のケースとか、銃弾を入れておくバンドとか、中には革製のハンドバッグもあった。今ならわかるけど、グッチはもともと馬具をはじめとした革製品を上流階級に納める店だったんです。

とにかく、ひとりで入っていってまた驚いた。なぜなら、店内は広く、天井からはシャンデリアが下がっている高級店だったからですよ。

キャンバス地に赤とグリーンの太いストライプが入ったハンドバッグがあったので、すぐに手に取って感触を確かめた。

「こんな素晴らしい商品は見たことがない。ひとつ、ふたつ買っていこう」と思い立って、GとGの字が組み合わさった金具のついた革製のバッグとキャンバス地のバッグを買った。そして、また翌日も見に行ったんです。翌日はなぜ買わなかったかというと、持っていったドルも少なくなってたし、当時は海外の品を大量に持ち帰ることも送ることも簡単ではなかったからです。

「日本で名前も知られていないけれど、これは、日本人が絶対気に入る」

僕はあの時、すごく自信を持った。これも一種の「カン」だけど、それよりなにより、日本人がまだ手をつけてない商品を仕入れるという喜びの方が大きかったですね。グッチ商品とのはじめての出会い。その時も感激しました。

名取さんが言った「名もない絵画にも、文化の息吹がある」という言葉に影響を受けたのかもしれない。

誰も見たことのない商品を仕入れるということは、自分が第一のお客さんだということでしょう。自分が買いたいと思わない物は売れるわけがない。自分が別にこんなものどうでもいいやと思うような物は、お客様にもすすめられない。自分が客だったら絶対に買う、という商品だからこそ、人にもすすめられる。

その意味では、グッチとの出会いもまた、ものすごく勉強になったんです。

「狙った獲物は諦めるな」商人の粘りと根性

このヨーロッパ旅行で自分の商売に対する「カン」に自信を得た僕は、翌年もまたヨーロッパに出かけたのですが、この時は、商品を買い込んで帰ってくるのではなく、エルメスやグッチと正式に取引をしようと思ったのです。

日本から持ち出せるドルが制限されている以上、帰国の際にはそうした外国製品に対するチェックも厳しく、下手をすれば没収の憂き目にあいますから、関税がかかっても正式な貿易をやりたかったんです。

なにしろ、新たな商品を並べるたびに、財界人や女優さんたちが店にやって来ては、買っていってくれますので、それはそれは華やかだったたですから。エルメスやグッチと本格的な取引をして、たくさんの商品を輸入できたらどんなに素晴らしいだろうと思ったのです。

ないものを商い、大衆の知らない文化を売る。

これが、当時の僕の商法だった。そのためには、ヨーロッパの文化と正面から取引をしたいと思ったのです。

今度はひとり旅。日本で商社の人に頼んで各国に通訳を手配してもらい、出発しました。

まず、ロンドンに行きました。名取さんとの約束通り、国立美術館を訪ね、その後、得意のウインドウショッピングです。

ここにも高級店街があります。ご存知かと思いますが、ボンド・ストリートです。日本人が絶対に欲しがるような商品がいくつもありました。

靴のチャーチに、貴金属のアスプレイ、カシミアのバランタインやプリングル、通りは離れますが、ライターのダンヒル、バーバリー、イエガー、アクアスキュータムにも立ち寄りました。

それから、パリに行きました。そして、あのエルメスの重い扉を開けて、店の中に入っていったのです。本格的な交渉の最初です。

僕は言った。

「おたくの品を輸入して、ぜひ日本で売りたいので、あのスカーフとハンドバッグをいくつでもいいですから、船積みして日本に送ってもらえませんか」

もういきなり大事な用件を女店員に言ったものですから、相手は目をぱちくりしてました。すぐにマネージャーが飛んできた。

「なんですか、いきなり」

「この素晴らしい芸術品を日本で売りたいのです」

僕は通訳をせかしながら用件を話しました。

「ノン」

冷たいもんですよ。木で鼻をくくるとはこういうことを言うんだと思いましたから。でも、こっちは相手の鼻が高かろうと低かろうと知ったこっちゃない。

「ロンドンではエルメスの商品を売っているじゃないですか。東京でも売ってもいいんじゃないですか」

「あれは直営店だ」

「じゃ、直営店にしてくださいよ」

「ノン」

なにを言っても「ノン」。『ノンちゃん雲に乗る』じゃあるまいし。

「じゃ、明日また来ますから、上の人と相談しておいてください。いろいろ条件があるでしょうから、その条件を聞きますから」

「ノン」

今でこそ、日本は先進国の仲間入りをしてますけど、戦争で負けて十数年、フランス人にはまだ日本のことなど、どっか極東の小さな国程度にしか知られていなかったんです。

もちろん翌日も「ノン」、翌々日も「ノン」、その次の日には、とうとう出てこなかった。悔しかったですね。じゃ、仕方がない。社長宛に通訳を通して手紙を書き、その手紙が着いた頃、また出かけていったんです。

誰にも相手にしてもらえない。「手紙を出した。その返事が聞きたい」と言ってもナシのつぶて。顔見知りになった女店員だけが、気の毒そうに僕を見てましたね。

もう仕方がない。パリはとりあえず諦めて、イタリアに飛びました。

フィレンツェでウフィツィ美術館に行き、心を落ち着かせてから、懐かしのグッチの本店に行きました。

「ボンジョルノ！」

フランス人とちがってイタリア人は陽気ですから、僕のことを大変に歓迎はしてくれたのですが、やはりここでも取引は拒否です。こちらが日本で売りたいといくら言っても、大笑いをするだけ。エルメスのように冷たく断られるのも辛いですが、わいわい笑いながら断られるのも馬鹿にされたようで、悲しかったですね。

よっぽど、持っていった大金を出そうかと思ったんですけどね、もっと馬鹿にされると思ってやめた。文化を金で買おうとしちゃいけない。

うーん、参ったなあ……。

さすがの江戸っ子も、こう当てがはずれたら打つ手もない。しょんぼりと通りを歩いていたら、フェラガモという名の店が目に入った。

あれ、これ村山さんの奥様が言ってた店じゃないか？　村山さんというのは当時の朝日新聞社社長の村山長挙氏。その奥様がフェラガモの靴を愛用していたことを思い出したんです。なんでもヨーロッパ旅行中に買ったんだそうで、「これを一回履いたら、もうほかの靴は履けない」とおっしゃっていたことを思い出したんです。

僕は店に入って、並べられている靴をよく見た。どれもみんなエレガントで美しい。男物を出してもらって履いてみた。革はやわらかいし、軽くて、なによりデザインが素晴らしいんです。

気がつくと、ちょっと小太りの女性がそばに立ってにこにこしている。

「どちらからいらしたの？」

なんて、気軽に話してくれるんです。誰かと思ったらそれが運よく、フェラガモの女社長、ワンダ・フェラガモさん。ご主人が、苦労した末にようやくハリウッドに直営店を出してまもなく亡くなって、奥様が社長になられたそうなんです。

「こちらにどうぞ……」

案内されて驚いた。びっくりするほどたくさんの足の木型があって、一足ごとに名前が書いてある。オードリー・ヘップバーン、ソフィア・ローレン、グレタ・ガルボ……。聞けば、世界的に活躍している人の木型が二千足あると言うんだ。これには本当に驚いた。オードリーがわざわざ買いに来る店の靴、これを日本で売ったら、女優さんたちは大喜びするだろうと思ったら、ぜひ欲しくなった。

僕は、断られるのを覚悟で社長に言ったんだ。

「フェラガモさん、お願いがあります。おたくの靴を少しでもいいですから、僕に日本で売らせてください」

ダメでもともと、だった。だって、これまで全部断られてきたんだから。でも、ここで諦めたら、なにしにヨーロッパまでやって来たのかわからない、と思い、取引をお願いした。そうしたら、思いもかけず、

「少量の買い付けならいいですが、ごめんなさいね、輸出の契約はできませんわ」

という返事。でも、それだけでも十分。あの時はほんと、うれしかったな。

元気を取り戻して、スイスに飛んだ。当時最高級の靴ブランドとして知られていたバリーと契約するためです。スイスのリーベルマン社の日本支社長を通して連絡しておいたこともあって、本社では日の丸を立てて歓迎してくれて、ここでも取引成功。

こうして僕は、フェラガモとバリーの製品を買い付けた最初の日本人になれたわけです。商売はやってみなければわからない。コンピューターでは、僕がフェラガモと取引できることまでは計算できやしない。だって、そうでしょう、エルメスにもグッチにも断られて、偶然入ったフェラガモで、一応は取引が成立したんだ。だから、コンピューターに頼ってはダメ。パソコンにはね、情熱までインプットされてやしないんだから。

とにかく、商売は情熱と持続。それには、まず相手と会うことから。机の前に座っていたってなにもはじまらないということです。

「きっと誰かが見ていてくれる」商売はカンと運

それからも、僕は毎年のようにヨーロッパに行き、そのたびにエルメスで「ノン」と冷たくあしらわれ、グッチで笑われながら拒絶された。

それでも、僕は諦めなかった。いまの人は一回ダメだと、すぐに諦めてしまうでしょう。ひどいもんですよ、「交渉してこい」と言ったって、「ダメでした」ってすぐ帰ってくるんだから。それじゃ、まるで子供の使いだよ。子供だって、飴玉ぐらい貰って帰ってくるっていうんだ。

何回目の訪欧だったか忘れましたが、ある年、エルメスに行って断られ、荷物をまとめて、フィレンツェに飛んだ。そして、ウフィッツィ美術館を訪ね、名画を鑑賞する前に、早朝一番にグッチの本店の扉を開けた。相変わらず、ショーウインドウの中は、美術館のように美しい。

「なんとしても、この商品を自分の店のショーケースに並べるんだ」

そう、思いましたね。こういうことで勇気が生まれるんですよ。

一回断られて、それで諦めてしまうのは、その程度の情熱しかないからです。「ああ、ダメだったか」でおしまいにしてしまえる程度の情けない夢なら、誰だって持ち合わせてますよ。

そんなちっぽけな夢なら、諦めればそれでいい。

逆に言えば、「この商品に惚れた」「どうしても手に入れたい」「なんとしても夢を叶えたい」と思うような仕事は、そう簡単にはうまくいかないっていうことですよ。

僕だって、何度もグッチに断られている。

だから、その朝だって、正直言えば、入口の扉を開ける時は、「また断られるだろうな」という気持ちになってますよ。でも、そこで、萎えた気持ちを奮い立たせるなにかが必要なんです。

うちの社員で言えば、「サン　モトヤマのために」ではなく、「自分のために」。社員ひとりひとりが自分の夢を叶えるために、いま勇気を奮う。「なにもしていないうちに弱気になるな」「俺はなんのためにこの仕事を選んだのか」「絶対、俺はこの仕事を成功させてやる」と自分自身を励ます気持ち。これさえあれば、勇気がきっと生まれます。それがないんだ、いまの人たちは。

断られても平気なヤツは、「給料泥棒」だっていうだけじゃなく、自分に夢のない人間だ。厳しい言い方かもしれないけど、僕はそう思う。僕にはいつでも夢がありますからね。もちろん、その夢はそう簡単には手に入らない。だから、それには途方もない勇気が必要なんだ。

それが、あの時の僕にとってはグッチのショーウインドウだったのです。

「もう一度、交渉してみよう」突撃！　これじゃまるで戦争だ。

「ボンジョルノ！」

女店員が明るい声をかけてくる。何度も訪ねてくるものだから、いつの間にか店員たちとも僕は顔なじみになってましたからね。男の店員が狩猟用の革の弾帯を持ってきて、僕の腰に巻く。明るいですね、イタリア人は。

店に客が誰もいないことをいいことに、僕もふざけましたよ。銃を持つ恰好をして、パーン、パン、パン。なにしろこっちは元兵隊なんだから。その仕草が板についているわけさ。キャーキャー店内で騒いでいたら、奥から紳士が出てきました。渋いスーツにGの字のついたネクタイをしている。

「君か、毎年やって来るという日本人は」

この人が、当時のフィレンツェのグッチの社長、バスコ・グッチでした。思いもかけず、今まで会えなかった社長が向こうから偶然、声をかけてくれた。

「はい、私は茂登山長市郎です」

すると、バスコはにこやかに僕に英語で商品の説明をしはじめたんです。

自分の父親のグチオ・グッチが最初は上流階級や軍人を相手に高級な馬具や狩猟道具を作っていたことや、その技術を生かして、旅行鞄やハンドバッグを作り出したことなど、楽しそうに話してくれ、そのうちに、「こういうものもやっているんだ」と、ショーケースの中から自分で銀のシガレット・ケースを取り出したんです。普通はパチン、パチンという音と共に開閉される蓋《ふた》が、ふわっと音もなく自然に閉まる。その感触。「あ、いいなあ」と思ったら、社長が僕に「手に取ってみなさい」とばかりに差し出すんですね。

僕はあわてて、無意識のうちに胸のポケット・チーフを取り出して、それを手のひらに広げて、シガレット・ケースを受け取った。そして中を確かめ、指紋のついた部分をチーフで拭いて、そっとショーケースの中に戻したんですね。

そうしたら、突然、社長のバスコが笑い出したんです。それも豪快に。そして、僕を奥の社長室に通してくれた。

その上、大きな手を差し出して、こう言ってくれたんです。

「これからはバスコと呼んでくれ。君と取引をしよう。商品の価値を本当に理解してくれる人と商売をしたいからね。兄のアルドに話しておくよ」

銀製品は素手で触れてはならない、指紋が残るということは、前に名取洋之助さんから聞いていて、本当によかったと思いましたね。これも、「運」なんだと思いますよ。それに、僕が毎年のようにやって来るということも、社長は誰からか聞いていたんでしょう。神様かどうかわからないけれど、どこかで誰かがきっと見ていてくれるんですね。

それで、一度どんなヤツか会ってみてやろうと思っていたところに、たまたま僕が勇気を奮って入っていった。これも「運」以外に考えられない。別に「いつ行く」なんて知らせていないんだし、社長がその時に店にいることも知らなかったんですから。

「ありがとうございます」

丁重にお礼を言いました。

一生懸命、ひたすらなにかに向かってアタックしていれば、それがどこかで誰かの目にとまるということでしょうか。

僕のこれまでの努力と情熱が、グッチの社長の目にとまった……。感動する、感激するって、こういうことを言うんですね。

グッチと取引ができる！　この時の喜びは一生忘れられませんね。なにしろ、ホテルに戻っても眠れないんですから。ホテルの部屋の中で、何度も何度も、万歳、万歳って叫んでいましたから。「三割引き、四割引きで仕入れて三倍で売れば、えーと……」なんて、取らぬ狸の計算ばかりしては、そのたびにまた万歳三唱でした。

売る自信は当然ありました。

高くても、グッチはイタリアの生んだ芸術作品ですからね、間違いなく売れる。そしてこれこそ、名取さんが言った「文化を売る」ことになるからです。

「夜討ち朝駆け」商人の常識

グッチで成功した僕は、日本に帰ってきてからも、その情熱をさらに燃やして、直ちに次の行動に移った。

これから日本で僕がやるべきこと、それは本店の移転でした。せっかくグッチと正式に取引できても、売る場所がよくなければしょうがない。世界の一流品を売るのだから、日本の一等地に店を構えたい。これが、日本での僕の夢だったのです。

だってそうでしょう。誰が見ているかわからない。「グッチの商品が日本の小さな店で売られていたぞ」なんていうことが、フィレンツェのバスコの耳に入ったら、さぞがっかりするだろうと思ったら、すぐにでも移転したくなるじゃないですか。東京の一等地で売ってこそ、「文化」というものは売れるのですから。

場所は考えてあった、前から狙っていた銀座の並木通りです。パリのフォブール・サントノレやロンドンのボンド・ストリートやローマのヴィア・コンドッティと同じような道幅と長さ。そして、いいお客さんが集まるパレスにも通じる通り。ところが、一歩出遅れた。僕が狙っていたその場所には、すでに朝日ビル（東京朝日ビルディング）が建つことになっていたんです。

相手が天下の朝日じゃ仕方がない、と普通の人なら諦めます。ほかにいい場所がないか探します。ところが、僕は諦めなかった。なんとしてもその場所を手に入れたかった。

わずかの望みがあるとすれば、朝日新聞の社長の村山さんご夫妻とお嬢様が僕の店のお客さんだということとしかない。実は、以前朝日新聞におられた田中寛次神戸新聞社長が、「とにかく村山夫人に直接会って頼み込んでみろ。ダメでもダメ元だ。夫人がOKなら脈は十分ある」と助言してくださったのです。フェラガモの靴がいいと言っていたあの村山さんの奥様だ。これもひとつの「縁」にちがいない。僕は、その一本の線にすがった。

「よし、奥様に頼み込んで、一階の店舗のひとつを使わせていただこう」

そう心に決めた翌朝七時過ぎ、僕は麻布の村山邸に向かったんです。奥様には、フィレンツェから持ち帰ったばかりのフェラガモの新作のスカーフをお土産に持っていきました。

もちろん、そんな朝早くから相手にしてくれるわけもありません。「こんなに朝早くから失礼な」「常識をわきまえなさい」と言われるのは百も承知です。でも、商人がこういう時に常識にとらわれていては、本当の商売はできません。常識では通らないことをお願いするのですから、「非常識だ」とののしられようと仕方がないのです。ですから、その日は、お手伝いさんにお土産だけ置いて戻ってきました。

そして翌朝。また行く。

その朝は、またどうした風の吹き回しか、奥様ご自身が玄関に出てこられて、

「なにごとですか、こんなに朝早くから」

と多少不機嫌なお顔で、それでも一応、応接間に通していただきました。

やった！

そこで僕は、さっそく、こうお願いしました。

「実は銀座に、このたびぜひ本店を移したいと思っているのですが、ここ四、五回、ヨーロッパ各地の有名なショッピング・ストリートを歩きまわってみて、銀座では、並木通りしかない。しかも、今、お建てになっている朝日ビルの一階こそが最高の場所だと実感したんです」

そして、続けて、こうも言いました。

「この並木通りは、将来必ず世界に通用する日本一の高級ショッピング・ストリートになると信じて、日本に戻ってきました」

すると、奥様は、ピシャリとこうおっしゃったのです。

「あなた、銀座なんかこんなに広いんだから、場所はいくらでもほかにあるでしょう。並木通りがいいって言ったって、いまのところたいした店なんか、ないじゃないの。第一、頼むのが少し遅かったわね。たぶん、もう決まっているわよ」

それでも、最後、僕が非礼を詫びて帰る間際に、奥様はたったひと言、こうおっしゃいました。

「長さん、あんた、おもしろい商人《あきんど》ね」

と。

そして、それから数日して、今度は朝日ビルの支社長からの電話で、奥様が会社の方で直接お会いになるから、とあちらの方からお声がかかったのです。

しめた！ これで一歩前進だ。諦めるのは、まだ早い。たとえ一歩でも前進すれば、またそこにチャンスが生まれるのです。

そして、三度目の正直、本社にお伺いすると、今度は奥様が社長とご一緒に会ってくださったんです。

社長は、僕に、なんとこう言われました。

「ずいぶん熱心なようだね。どういうことなのか、詳しく話してごらんなさい」

僕は感謝の言葉を述べたあと、事情を詳しくお話し申し上げました。

闇屋をやっていたこと、今は小さいながら日比谷の三信ビルの一階で外国製品を扱っていて、村山さんご一家はじめ一流の人がお客さんになってくださっていること、グッチやエルメスやバカラ、ラリックなどの品物を扱えることになり、いずれは必ず高級店街になるであろう並木通りに店を持ちたいこと、そして、その中でもみゆき通りとの角から三軒目あたりに店を構えるのが夢だと思っていたということなど、絶好のチャンスなので、言いたいことを全部話したのです。

「朝日ビルも角から三つ目のビルで、名前がサン　モトヤマ」

「しかも、朝日もサンで、すべてが三づくしです」

相手が与えてくれたチャンスを一気呵成《かせい》に攻める。これも商売のコツです。

こんな時はダラダラしゃべってはいけません。世間話も必要ありません。真剣勝負なんですから。

ここまで来てダメなら、仕方ありません。

僕が真剣にお願いすると、社長は「君はおもしろい、いまどき珍しい商人《あきんど》だな」とやはり奥様と同じことをおっしゃいました。そして、傍らの奥様に「なんとかならんのかね」と聞いてくださったのです。もちろん、奥様は「そんなこと、いまさらできません。契約はもう決まっているようですよ」とおっしゃいました。当然ですよね。

その日はダメでしたが、その後、社長や奥様がどのようにしてくださったのか、念願の場所を借りることができるようになったんです。

まさに一念岩をも通すでした。村山さんご夫妻には本当に感謝しています。

「夜討ち朝駆け」は商人の常識ですよ。その情熱が人を動かすのです。

今の人は、こういう経験をあまりしていない。少しでもチャンスがあったら、粘ってみるという訓練ができていないんでしょう。商売は勘定だとしても、カンジョウの「カン」は感情の「感」とソロバン勘定の「勘」の両方だと僕は思っていますけどねえ。まあ、いいや、その「感情と勘定」の話はまたあとでしましょう。

「地獄を味わえ！」留置場の日々

と、まあ、ここまで、順風満帆。まさに僕の出世話か立志伝のようですが、とんでもない。話の続きを聞いてください。

この僕のところに念願叶って、あのグッチから正式に「製品を日本で売っていい」という知らせが来たのは、それからまもなくのことです。

並木通りにやがて待望の店がオープンする。そこへグッチの商品が大量に入荷する。そしてグッチやエルメスのような世界の一流品が続々僕の店の新しいショーウインドウに並ぶ。もう夢がまるで串団子のようになって叶った感じです。ところが、ここで問題が起こりました。それは、資金の問題です。

ここまではお話しできませんでしたが、なんといっても一流の品物を置くのですから、店の内装にも金をかけなければなりませんし、店の保証金、高額な商品の買い付けの資金も必要です。闇屋時代に儲けた金はかなりあったんですが、それも仕入れに使ってしまっています。計算したところ、新たに三千万円ほどかかることがわかりました。サラリーマンの平均給料がまだ二、三万円の時代の三千万ですから、大変です。

銀行に行きましたが、冷たいものです。担保として、あれだけ高価な商品があるし、今後も好調な売れ行きが予想されるのに、まったく相手にしてくれないのです。「いまに見てろ」と思いましたね。いろいろあたって、ようやくある信用金庫に助けてもらうことになって、ホッとしたことを覚えています。

そして、今でも、あの時の恩を忘れずに、その信用金庫さんとは取引を続けています。

と、ここまでは、まだいい。

やっと、開店時の資金のメドもついた。そして、本店をいよいよオープンする半年前のことでした。

グッチ、エルメス、ロエベのオーナーたちに来春の本店オープンの報告をすると同時に、オープン時に新しい店に置くための特別な商品を選び、発注することを目的に、僕はまたヨーロッパに飛び立ちました。

そして、今からオーダーしても、オープン時にはとうてい間に合いそうもないもの、特別な色のワニ革のハンドバッグや革小物、高級腕時計や置時計などおもしろい目玉商品だけを買いました。

いま思えば、いまさらそんな無理をしてまで、買うことはなかったんですが……。

そして意気揚々、羽田に戻ってきた。ところが、いつもと様子がちがうんです。普通なら、「これはどうしたんですか」「買いました」「サンプルです」「貰ってきました」ですべて済んでいたのが、「茂登山さんですね」と言われ、スーツケースの中身を徹底的に調べられたのです。パスポートを見せた瞬間、係官が後ろを振り返って、別の係官に合図をした。その瞬間、「なにか変だ」とは思ったんですが……。

そして別室に連れていかれ、バッグの中身から洋服のポケットの中のものまで、すべて出すように命令されました。係官はひとつひとつの商品を備えつけのリストと照合します。商品別に商品名と一般価格が書かれているリストです。こんなことはこれまでに一度もなかったんです。「茂登山さんですね」と確認されたということは、前もって誰かからなにかの通報があったにちがいありません。

「ずいぶん高級な時計などをお持ちですね。どうしたんですか」

「貰ったものも買ったものもあります」

僕はいつものように平然と答えました。

「冗談はやめてください。これは現地でも一個五十万円はしますよ。そのお金は一体どうしたんですか」

　これはいかん、と思った時はもう遅い。

「これも貰ったんですか、これも……？　答えられませんか」

「いや、あの、これはお土産に、サンプルで……」

「あなたは買ったことを否認するんですね。それだと厄介なことになりますよ」

　さすがに僕も動揺してしまったんです。全部買ったと正直に言えば、高い税金を払えば済むかもしれないが、しかし、そうなると、どうやってドルを手に入れ、持ち出したか、そこを責められる。闇ドルを売ってくれた相手にも迷惑が及ぶ。それだけはしゃべるわけにはいかない。

「ここでちょっとお待ちください」

　係官は慇懃《いんぎん》無礼にそう言うと、部屋を出ていったんです。長い間、待っていた僕の前に、やがて税関の人とは別の種類の人間がふたり現れた。彼らは無表情に、あろうことか、僕の両手首に手錠をかけたんです。なんと、警視庁の捜査員だったんですよ。

「乗りなさい」

　僕は引っぱられるようにして、税関の外に連れ出され、小突かれながらパトカーに乗せられた。いわゆる外為法《がいためほう》（外国為替及び外国貿易管理法）の違反容疑による緊急逮捕でした。もう目の前が真っ暗になりましたね、あの時は。

　警視庁ですよ、連れていかれたのは。誰かに助けを求めようにも、誰にも連絡させてくれないんだから。そして、僕はそのまま留置場に入れられてしまったんです。

もちろん、留置場なんて、生まれてはじめてでしょ。こんなところに厄介になってはいけないけど。

入ったことがある人は知ってるだろうけど——まあ、普通は知らないわな、入口を入ると真ん中に広場みたいなのがあって、まわりを独房が囲んでいるんだ。そして、独房の入口は鉄柵の扉で、上に番号がついている。そこに入れられた。三十三番、いったいどこまで数字の三に縁があるんだろう。今度ばかりはサンザンだ。

独房というぐらいだから、狭いんだ。手前に布団が積まれていて、すぐ隣りとの境のコンクリートの壁ですよ。便所が隅についている。僕は看守に言われるままに布団を敷いて横になったけど、寝られるもんじゃないよ。なにしろ昨日まで、ヨーロッパの一流ホテルで寝てた僕が、留置場の煎餅《せんべい》布団にくるまっているんだから。

落ち込んだなんてもんじゃない。「もうおしまいだ」って思いました。うちの一族で手錠をかけられたヤツなんかひとりもいないんだから。一族の恥。

まず頭に浮かんだのは、三人の子供たちのこと。密輸の犯人の子なんて言われたら学校だって行かれやしない。それどころか、将来、結婚もできないかもしれない。せっかく店を貸してくれた村山さんの奥様も怒るだろうし、三千万も貸す約束をしてくれた信用金庫も融資差し止めだ。

家族は崩壊、会社は倒産、僕はみんなから白い目で見られる……。

こういう時は、ろくなことを考えないもんですねえ。悪い方、悪い方へと考えがいってしまう。マイナス志向の考えにどうしてもなってしまうんですよ。

翌朝からは取調べですよ。刑事の目って恐いですよ。

「外貨をどうやって手に入れたのか、聞こうじゃないか」

「店に出入りしているブローカーに頼みました」

「その者の姓名と住所は」

「わかりません。通称キンさんです」

「いいかげんなことを言うな！」

机を叩かれ、怒鳴られる。でも、なんと言われても、これだけは言えない。とんだ天野屋利兵衛だよ。あくまでシラを切り通すほかなかった。僕が自供しないものだから、その日も留置。

僕は戦地に行ってますけどね、「もうおしまいだ」って思ったのは、敵に周囲を囲まれた斉家塘のあの時が一度だけ。いつだって、「死んでたまるか」という気持ちで生きてきたのに、留置場というところは、たったふた晩で「もうダメだ」と思わせるところなんですね。

いま思うと、あの時、ガクッときたのはこの逮捕によって自分の信用が地に墜ちたということ、これが大きかった。名誉を失うってことは、人間にとって一番辛いことなんだと思いますね。また、そういうふうに思わせるのが、警察の取調べなんです。

食事は出されるけど、喉を通らない。食欲があろうはずがないもの。前の晩寝ていないのに深夜になっても眠れない。肉体はすでにボロボロなのに、神経だけがピーンと張りつめているんです。

寝てなんかいられなかったですからね。煎餅布団の上にガバッと起き上がっては頭を掻きむしったりしてました。「死のう」と思ったのは、あの時です。完全にノイローゼ状態でした。この苦しさから逃れるためにはもはや死ぬしかない。

どうやって死のうか、と考えました。

ふと見ると、コンクリートの壁がある。勢いをつけて頭からぶつかっていけば、首の骨が折れて死ねるかもしれない、そんなことを考えていたら、看守が来て、「誰でもみんな一度はそう思うんだけど、死んだヤツはいないんだよ」って真剣に言うんです。結局、またすごすごと横になるしかなかったんです。

なんでこんな話を皆さんにするかと言うとね、一度地獄を味わった人間は強くなれると思うからです。もちろん、地獄をすすんで味わう必要はありませんけど、もしなにかの拍子でそういう目にあったら、その経験、体験があとになって生きるということですね。いや、生かさねばなりません。その意味ではもし借金地獄に陥っても、決して逃げようとしないこと。地獄を味わうんだ、という強い気持ちがないと、商人道《あきんどどう》は貫けません。

そして、一度地獄を味わっていれば、苦しい時でも「あの時に比べれば……」と思えて楽になれるからです。「地獄」は商人が成功するための通過点かもしれません。

翌日も否認するから、留置。夜、風呂に連れていかれ、ほかの容疑者たちと一緒に入浴させられた。ますます惨めな気持ちになりましたね。

「ああ、留置場に入れれば、金持ちもへったくれも関係ないんだ」

と思いました。どんなに社会的な地位があろうと、「文化」を売るという高尚な志を持っていようと、まるでコソ泥や人殺しみたいな扱いをされるんですから。

いっそ舌を嚙んで死んでやろうかと思ったけれども、その勇気も出なくなってきてましたね。

結局、僕が逮捕されたのが新聞に載って、みんなが心配してくれましてね、作家でのちの参議院議員の今東光《こんとうこう》和尚が警視庁の幹部にかけあってくれて、保証人になってくださったので、僕は、書類送検の上で保釈ということになりました。

釈放されて、久しぶりに自宅に戻った時のことは忘れませんね。

うちのワイフは、僕が逮捕されたと聞いた時からずっとお灯明をあげてお祈りしていたそうですよ。心配だった子供たちも別になにごともなく、学校に通っていたというではありませんか。

涙が出ました。ひと安心したものの、心配なのは商売の方です。

翌日、さっそく、店に行ってみたんです。社員たち全員が温かく迎えてくれました。商売の方も犯罪者の店になんか誰も来なくなって、さぞ店は閑古鳥が鳴いているだろうと思ったら、驚くべきことに、その月の売上は上々だったというのです。

事件を知って、しばらくお見えにならなかったお客様まで、一斉にお見えになったそうなんです。それで、皆さん「とんだ災難だったですね」とおっしゃったというじゃありませんか。村山さんの奥様も心配してくださって、約束を反故にするつもりはないどころか、わざわざ見舞いの使者まで立ててくださったのですから。

あの時は、本当にお客様に感謝しましたね。「ああ、自分はなんと素晴らしいお客さんに恵まれているんだろう」と。涙が溢れて止まらなかった。

お客様が商人を伸ばしてくださるんだということが、その時よくわかりました。

僕が留置場に入れられている間、お客様が店の最大の危機を救ってくださっていたのです。こんなうれしいことはありませんでした。まさに、災い転じて福となす。

結局この一件は、あとで罰金を払って、執行猶予ということで落着しました。

皆さんも万一、地獄を味わうことがあっても、決してくじけてはいけない。昔から「朝の来ない夜はない」と言いますが、この体験は一生忘れられない出来事でした。


「人事を尽くして天命を待つ」とうとうエルメスがやって来た

この事件の少しあとに、ふたりのフランス人が店にやって来た。驚いたのなんの。そのふたりというのは、なんと、エルメス本社の輸出部長のモメジャー氏とパリの本店長のエラール氏。

フランスから、西武と僕の店をわざわざ訪ねてきてくれたんです。で、こう言うんです。

「あなたの店でうちの商品を扱う許可が、正式におりましたよ」

エルメスですよ、僕が通いつめた、あのエルメス。毎年、毎年、パリに行っては商品を売らせてくれ、日本に紹介したいと頼みに行っては、冷たく「ノン」、なにを言っても「ノン」、手紙を出してもナシのつぶてを繰り返したのはどこの誰だったか。

詳しく聞けば、日本に総輸入代理店と、並行して販売のための専門店を探していたエルメスが、西武を総代理店に決め、そして僕の店をエルメスと直接取引できる日本でたったひとつの専門店に決定してくれたんだそうです。

うちの店を推薦してくれた西武の堤邦子さんに感謝をする一方で、やっぱり、それまでにやることをやってきた、打つ手はすべて打ってきたことが、こうした幸運を招いたんでしょう。

こうなれば、これまでの事情はどうでもいい。とにかく、エルメスがわざわざ僕を訪ねてくれたことがうれしかった。

そして、フランスに戻ったふたりから、改めて正式な知らせが届いたんです。そこには、こう書かれていました。

「サン　モトヤマを日本でエルメス製品を販売する唯一の専門店とする」

きっとほかの店もまわったでしょうが、やはり、日本人がまだ誰も交渉していない時から、エルメスを何度も何度も訪ね、「文化」を売りたいと懇願していたという実績が高く評価されたのにちがいありません。まさに「人事を尽くして天命を待つ」大切さを実感しました。

まもなく、並木通りの新しい店もオープンする。お客さんもたくさんみえる。その時にエルメスが商品群として加わるのだから、新規開店の目玉になるのは間違いがない。僕はこの時、エルメスのふたりの幹部がいい時に僕を訪ねてくれたと思いましたよ。本当に「運」がよかった。もし、僕が留置場にいた時だったら大変だ。

「いま、社長が長い旅に出ておりまして……」

「いつ戻ってくるんですか」

「それがいつ出てくるか、ボン・ボヤージ……」

これじゃ、まとまる話もまとまらないどころか、「それじゃ、ほかの店に」と、ライバルにその権利を譲ってしまったようなものですから。商人人生、「捨てる神ありゃ、拾う神あり」です。こういう「運」も、商人が成功するためには不可欠な要素です。

「これからはヨーロッパの文化を売るんだ。そしてひと回り大きな商人になるんだぞ」と言って、僕をヨーロッパに連れていってくださった名取洋之助さんに報告したくても、その時、すでに名取さんは亡くなっていました。あの方との出会いが、僕をここまでにしてくれたのだと思うと、今でも感謝しています。

「いつも心に前掛けを」商人は商人らしく

昭和三十九年三月九日、サンキュウ、サンキュウ、「サン　モトヤマ」は東京・銀座並木通り、角から三つ目、まさに三のオンパレードの朝日ビルに念願の新しい店を開店いたしました。内装のデザインも土浦稲城《つちうらいなき》先生に頼んで、自分で言うのもなんですけど、それはそれは素晴らしい店になりました。

一枚ガラスの扉を開けて、次々とおなじみのお客様たちがお越しくださいました。越路吹雪さん、田中絹代さん、三船敏郎さんなど映画界のスターたち、大映の永田雅一《まさいち》社長に小津安二郎監督、歌舞伎界からは二代目尾上松緑さん、八代目松本幸四郎さん、作家の川端康成さん、三島由紀夫さん、もちろん僕の釈放に力を貸してくださった今東光さんも笑顔でそのお顔を見せてくださいました。そのほか、政財界からもたくさんの人たちが来てくださいました。お亡くなりになっていた名取さん、そして、電通の吉田社長がこの場にいらしたら、「おい、長公、よくやったな、おめでとう」とどんなに喜んでくださっただろうと思うと、残念で、思わず涙がこぼれそうになったことを今でも覚えています。

新規開店の当日は、まさに有名人、文化人が集まり、まるで授賞式かなにかの絢爛《けんらん》たるパーティのようでした。僕もあちこち満面の笑顔で挨拶をしてまわりました。

その時、「長さん、ちょっと」と言って、野球解説者の小西得郎《とくろう》さんに呼ばれました。「おい、長さん、これはなんだよ」

小西さんが指さしたのは、店の奥の僕の部屋でした。ドアに「PRESIDENT」と小さく書かれています。

「はい、ここは僕の部屋ですが……」

「調子に乗っちゃダメだよ、長さん」

「あっ、いけない」と思いました。小西さんが言いたいことがすぐにピンときたからです。お客さんからも見えるところに、「オフィス」ならいざ知らず、偉そうに「社長室」と書かれた部屋を作った僕の甘さを小西さんは指摘してくれたのです。

こういうことってありませんか。つい、調子に乗ってカッコをつけてしまうってこと。商人はね、あくまで商人なんです。商人は前掛けをして、いつもお客さんに対して、ていねいに頭を下げる。それがお客さんに対する感謝の気持ちの表現なんですよ。胸を張って、社長室なんかから出てきてはいけないんです。偉いのはお客さんであって、決して自分ではないんですから。

その心をつい忘れていた。それを小西さんに指摘された。あの時は、ギクッとしました。今思っても冷や汗もの。汗顔の至りとは、ああいうことを言うんでしょうね。

それにしても、そういう大切なことを「おい、長さん」とか「長さん、ちょっと」と呼びつけて教えてくれたお客さんが、当時の僕のまわりにはたくさんいらした。だからこそ、僕はここまで来られたんだ、とつくづく思いますよ。

今の人たちはそういう意味では、そうしたお客さんとの関係が希薄です。あなたに注意をしてくださるお客さんをどれだけ持っているか、頭の中で数えてみてください。お客さんに注意されたら、きっと今の人は「ムッ」としたり、「カッ」となったりするんじゃないんでしょうかね。それじゃあ、商売というものはうまくいかない。

いいですか、僕もその時に再認識したんですが、商人とお客さんとの関係は、どんなに親しくても、あくまでお客さんが上。だから、心のこもった最敬礼にはじまり、最敬礼で終わる。心にはいつも前掛けを。これだけは決して忘れちゃいけませんよ。しかも、そのことをいつも心にとめておかないと、いざという時に僕のように恥をかくことになりますから。

小西さんの指摘があって、僕はすぐにその晩、「PRESIDENT」というサインを消し、元の商人《あきんど》に戻ることができました。もし、あの一件がなかったら、と思うとヒヤッとしますね。いつの間にか、知らず知らずのうちに僕の心の中に「もう、昔の僕とはちがうんだ」という慢心が芽生えて、人から「最近、長のヤツ、偉そうにしているな」と思われてしまうようになっていたかもしれませんね。

よく聞きませんか、そういう評判。こうした噂は人から人へ、口から口へ、早いですからね。商売を営んでいる人間が、お客さんから少しでもそう思われたら、お客さんはどんどん遠のいていきます。逆に、どんなに事業がうまくいっていても、店が大繁盛していても、昔からのお客さんを大切にしていれば、お客さんは得意になって、新しいお客さんを紹介してくれます。まさに「お得意さん」です。

その意味でも、あの時の「調子に乗っちゃダメだ」と言ってくれた小西さんには、今でも感謝しています。この教訓もまた、人との出会いから生まれたものですからね。いかに、商売には人との出会いが大切か、おわかりでしょう。

ですから、僕は八十四歳になる今でも、いつでも心に前掛けをかけて、お客さんと接しています。感謝セールの時は一日中、会場の中で先頭に立ってお客さんと挨拶をかわし、いろいろお話をしています。本当はもう、誰かに前掛けを譲ってもおかしくない歳なんですけどね。

「次を、またその次を」商人に必要なのは千里眼

「サン モトヤマ」が銀座の並木通りに本店を開店した年の秋に、東京オリンピックが開催されました。

言い換えれば、ようやく日本が世界に認められたということです。世界中から外国人が日本に観光にやって来ました。そんなさなかでも、僕はヨーロッパに何度も何度も足を運びました。グッチ、エルメス、ロエベ、ラリックなどに続く新しい「文化」を僕の店から発信しようと思ったからです。

日本という国が世界中の人たちに知られはじめた、ということは、僕の仕事が今までと比べ

てやりやすくなったと同時に、日本人の中で、「世界の一流品を売ろう」とするライバルが増えるということです。

だって、そうでしょう。僕がエルメスに行って交渉した頃は、相手にとってこちらは単なる「極東の島国から来たひとりのアジア人」だったのが、オリンピックのおかげで「日本人」として認識され、「商売の相手」として考えてくれるようになったんですから、必ずしも僕でなくてもできるわけです。

ですから、エルメスの次を、そのまた次を、と先の先を考え、自分の経験を生かして新しいブランドを自分の手で見つけ出そうと思ったのです。

商売は立ち止まってはいけない。常に前進あるのみ。安心は慢心につながり、あわてて気がついた時には、すでに手遅れというケースがままあります。特に僕の商売は、流行という「時代の流れ」と共にあるわけですから、店が流行っているからといって安心していると、あっという間に時代遅れになってしまう危険を常にともなっているんです。

案の定、行ってみたら、エルメスと同じように、それまでなかなか本格的に交渉が進まなかったロエベの態度もすっかり変わって、積極的に日本に商品を売りたいということになったのです。日本が彼らにとって重要な市場であることを、この頃になってようやく認識してきたんですね。

なにしろ、行ったらいきなり社長が「モトヤマさん、日本のお嬢さんたちはどんなものを好

並木通り本店の開店当時のスナップ。まだまだ静かな通りでしたが(右上)、内装はクラス感を大事にした(右下)。社員総出の記念写真(左中)の、前列向かって右端が田中邑子叔母(後述)。女性社員の黒いスーツはユニホームとして作ったもの。ハウスマヌカンってやつの走りでした。新珠三千代さん(左上)、きれいだったねぇ。川端康成先生(左下)、三島由紀夫さん、今東光先生、皆さん続々お見えになって、それまでの苦労もふっとんだ。

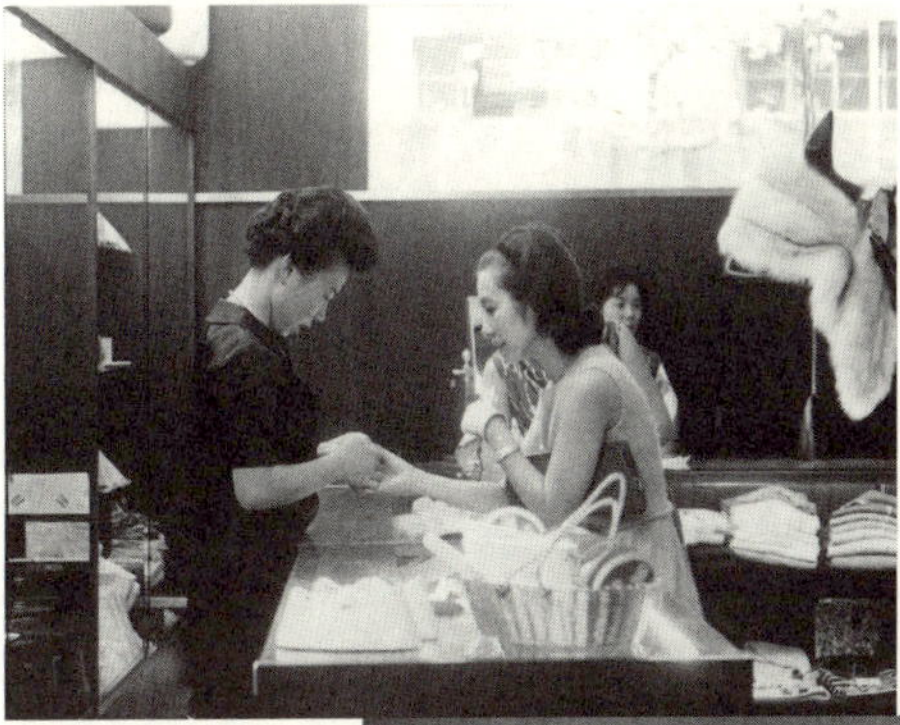

実際、僕は、人と人を会わせるのが好きだったから、店はサロンみたいでしたね。サンへ行けば誰かに会えるという感じで、皆さん、銀座のバーに行く前にぶらっと立ち寄って、香水かなにか買ってそれをポケットにつっこんでね、お出かけになるわけです。開店後半年したら東京オリンピック。10月10日の開会式に合わせてウインドウをしつらえました。亀倉雄策さんのポスターをメインにイタリアから持ってきた大理石の彫刻作品などで飾ってね。小さな窓の中の外国っていうんで、皆さん見にきてくださいましたね。

同じく昭和39年10月、銀座、みゆき通りに出した日本ではじめてのグッチの路面店。この場所を、僕はいわばアンテナショップとして考えていました。ここから百貨店に展開していったわけです。次にはここをセリーヌの路面店に切り替えました。

みますか」と言い出したのですから。ロエベは、これまでは少量しか売ってくれなかったんですけれども、とにかくハンドバッグが日本の女優さんには人気があったんです。シックでとても上品でしたからね。それに手に取ると、シルクタッチの裏革の天鵞絨《びろうど》のようなやわらかい感触がとてもいいのです。

社長といろいろ話をして、正式な契約もできて本格的に輸入することに決まりました。とにかく、あのロエベが日本を大事な市場と考え出したのですから、先手必勝です。この時、これからはいろいろなブランドが日本を狙って総代理店を作る可能性が高いと痛感しました。

「よし、また昔に戻って、次のエルメスになるブランドを今のうちに押えておこう」

僕は、そう決心して、イタリアの町を歩きまわったのです。ある朝、ベニスでホテルからサンマルコ広場へとぶらぶらしていた時、広場からちょっと奥にユニークな店を見つけたんです。赤、青、緑の原色のハンドバッグが並んでる。店に入って、商品を眺めていると、ひとりの女性が出てきました。それが社長のロベルタ・ディ・カメリーノ。店の名前と同じです。

そんなにたくさんではないが、少しならほかの商品の彩りにはなるだろうと、日本に送ってもらうことにした。

「あなたが日本からはじめて来たお客さんです」

女社長は喜んで取引に応じてくれました。

次にパリに飛んだ。そこで出会ったのが、セリーヌです。すごく若々しいデザインで、エルメスを意識していることがよくわかりました。ユダヤ人の社長と会って話を聞くと、セリーヌというのは奥さんの名前だと言う。なんだか、素敵でしょう。その頃、日本人はセリーヌなんていうブランドを誰も知りませんでしたよ。

こういう若々しさもこれから必要かな、と思ったので、交渉をはじめました。すると、「それはありがたい。東京でエルメスとグッチを販売している店なら、ぜひ取引をしたい」とすごく喜んでくれた。

僕はその時、こう思いましたね。商いというものは、戦争と同じだ。敵の親玉をやっつければ、次々と子分もついてくる。エルメスとグッチを商っているというだけで、ロベルタ・ディ・カメリーノもセリーヌも一回の訪問で、取引が成立する。しかも、相手が喜んで。だから、こういう時期には、新しいブランドを日本で育て上げた方がいい。

そのためには、どうしたらいいか。日本人が好む商品を新しく作らせることだ。たとえばセリーヌなら、靴やハンドバッグだけでなく、セーターやブラウス、シャツ、スカーフも作らせる。どこで作るか、どんなデザインのものを製作するか、一緒になって考える。まだ無名のブランドでも、そこまでやれば、日本で有名ブランドにすることができる。

「僕と組んで、セーターやシャツもやりましょう。そうして日本で一流ブランドになって、世界で有名になりましょう」

これから日本はどんどん発展していく。そうなれば、世界の一流品を買い集めて販売しようとする商社や業者はいくらでも出てくる。事実、現地に駐在員を置く業者がどんどん増えている。

そうなると、どうなるか。独占販売契約を結ばないかぎり、日本にブランド品が大量に流れ込んでくる可能性が高い。僕の店では当然のことながら、多くのブランドと独占契約など結べるはずがないし、そんなに大量に売ることもできない。いや、やろうと思えばできたし、もし総代理店路線を突っ走るなら、いくつかの世界の一流品を扱う小さな商社のひとつになれたかもしれない。

でも、僕はあくまで一介の商人《あきんど》でいたかった。グッチ・ファミリーが作り出したイタリアの職人の「文化」を日本の、僕の店のお客さんひとりひとりに伝えたかった。これからもそういう商いをしたい。だったら、今から手を打っておかなければいけない。

僕がセリーヌを自分の手で、日本で育てようと思ったのも、そこなんです。おわかりですか。

つまり、人より一歩先んずる。いや、一歩ではなく、二歩も三歩も先を考えて、行動する。それが、商人にとって大事なことなんです。言い換えれば、商人は時代の流れの先を見る千里眼を持たないと、やっていけないということです。

案の定、それからまもなく、そうした時代がやってきました。いわゆる日本における総代理店ブームです。エルメスが西武を総代理店に指名したように、ロエベが続いた。ところが、どう間違ったのか、あんな高級品を大量に総代理店が買い込んで卸したものだから、一時はアメ横で売る羽目になってしまいました。うちの店では、ロエベを扱うのをやめました。

やがてフェラガモも、あのロベルタも代理店と契約が成立していった。もちろん、グッチにもセリーヌにも、総代理店契約を結ぼうと日本の業者から手紙が殺到しましたよ。でも、うれしかったのは、グッチのファミリーが動かなかったことでした。バスコはすでに病気で亡くなっていましたが、僕は兄のアルド総帥《そうすい》にかわいがられるようになっていたのです。

「モトヤマ、あれほど一生懸命うちの店に通いつめてくれて、日本にはじめてグッチを紹介してくれたのは、お前だ。私はほかの店にうちの商品を売るつもりはないよ。安心しろ」

アルドはそう言ってくれました。セリーヌの社長ビピアーヌも同じだったですね。僕がセリーヌを流行ブランドにしたことに感謝して、一時はグッチと同じことを言ってくれましたがね。

これが「情」なんです。義理人情と言うと、馬鹿にする人が山ほどいますがね、商人が義理と人情を忘れたらおしまいですよ。商いというものは、一対一。人間と人間の付き合いの中から生まれるものなんです。ロボットが人間に売っているんじゃない。人間が人間に売っているんです。しかも、人間にはそれぞれ個性がある。だから、商いは飽きない、と言うんです。

いまの時代、いかにロボットが売っているか、スーパーのレジの前に並んでみればよくわかります。レジにいる人の顔、覚えていますか。

商いというものはね、誰だっていい、ということではありません。あなたが、ひとりひとりちがうお客さんに商品を買ってもらうんです。だったら、あなたに個性が必要でしょう。お客さんに対する義理や人情も必要じゃありませんか。

そして、あなたが単に会社の歯車のひとつでなく、もしも、ひとりの個性的な人間で生きていきたいなら、常に時代の先を読み、お客さんが何を望んでいるか考えていなければなりませんよ。

時間が来ましたようですので、今日はこの辺で。

Ⅲ　商人《あきんど》の道

おや、いらっしゃい。まあ、どうぞ、どうぞ。よくいらっしゃいました。

ええ、元気ですよ。イタリアに行ってきましてね、先日、戻ってきたばかりなんですよ。大変に楽しかったし、勉強になった。まあ、その話もいつかしましょう。

質問状？　はい、はい、聞いてます、聞いてます。なんでもお答えしますから、遠慮なくお尋ねくださって結構ですよ。

さてっと、じゃあ、はじめますか。

最初の質問は何でしたかね。ああ、これね。

商売に向く人、向かない人

「商人《あきんど》に向く人とは、どんな人でしょうか」ですか。

さあ、なにからお話ししましょうかね。

ちなみに、今度の土・日、「サンフェア」なんですよ。ええ、そうです。舶来ものだけのバーゲン。これはこの店を作った昭和三十九年からやってますよ。もう百回近いんじゃないかな。今でもお客さんは二日間で一万四、五千人は来てくださいますよ。それも、ほとんどこのフェアのファンのお客さんですから。

その人たちに対して、僕は一日中入口か出口に立ってご挨拶をする。ええ、二日間ずっと。だって、店の親父の僕が直接たくさんのお客さんと顔を合わせるのは、そんなチャンスしかないもんね。いまどき、会場で二日間もそんなことをやってる主人はたぶんいないと思うよ。

まあ、一時間や二時間程度ならやるかもしれないけれど、僕はもう四十年、それをやってる。だから、その時は湿布薬のでっかいのを足や腰に貼って、サポーターつけて、完全武装で立ってご挨拶をする。そうしないとこの歳じゃもたないよ。八十四歳だもの。

そうするとね、「茂登山さーん」て女性のお客様から声がかかる。これがもうみんな五十代、六十代だ。三十代、四十代がヨン様なら、こっちはサン様だ。「サン　モトヤマ」なんだから。

でも、挨拶が寂しい。「わあ、茂登山さん、ご無事でなにより、お元気でしたか」とか「もう今年はお会いできないかと思ってました。またお会いできましたね」だって。中には、「あっ、会長が立ってる」って。お化けじゃないんだから。

それでも、僕にとってはうれしいですよ。お客さんの笑顔に接することができるんだから。

お客様との触れあい、それが商人の最大の喜びですからね。僕は、大きな湿布薬を貼ってはいるけれど、それがまた楽しくて、好きでやっている。それを面倒くさがるような人は、商売にはまず向かないと言っていいでしょう。これも物を売る楽しみのひとつですよ。

中にはこんなことを言う人もいる。「会長が会場に立っていようと、いまいと、来たい客は来るし、用がない客は来ないでしょう」と。そりゃそうかもしれない。実際、僕の顔を見るために来てくださるわけじゃないんだからね。

でもね、だからといって、バーゲンの先頭に立たなくていいということにはならない。なぜなら、商売は五十パーセントが「情」なんだ。その「情」も、自分に対して、つまり自分が納得し、満足するためのもので、お客様に報いを求めちゃダメなんだよ。

「情けは人の為ならず」という諺がある。僕が立ってご挨拶するのだって、「お客様がわざわざいらっしゃるんだ。お迎えしなくてどうする」「お帰りにはお送りしたい」という自分の気持ちに正直なだけだよ。

だから、「ひとりでも多くのお客様と接したい」「ご挨拶ぐらいはしたい」と思わない人間は、商人には向かないな。商人に必要な「情」を持ち合わせていないんだから。まさか、そんな人間はうちでは採用しないだろうけど。

入社試験の面接？　昔はね、僕がひとりひとり応募者と会って、「この人は商売に向くか、向かないか」考えて採用しましたけどね、いまはほとんど幹部に面接はまかせています。

採用の基準かい。そんなむずかしいことじゃないよ。僕の採用基準の第一は、男女にかぎらず「笑顔」の美しい人。そして、常に「明るい」人。陰気でひと月に二、三回しか笑わないような人が店にいたんじゃ、お客様は入ってこないし、どうしても買いたいものがあって入ってきてくださっても、そんなヤツの顔見た瞬間に飛んで帰っちゃうよ。

それからもうひとつ言えば、声が小さい人も、商人には向かない。コチョコチョ話していると、嘘に聞こえる。お客様はそういうことに敏感ですからね。昔から言うでしょう。声の大きい人に悪人はいないって。これはかなり当たってるな。でも、まあ、とにかく、なんといっても、商人はまず笑顔が一番だ。

直感力のすぐれた人は、商人として大成する

それから、商人に必要なのは「直感」。

たとえば、店にふらりとお客さんが入ってきたとする。「いらっしゃいませ」ととりあえず笑顔で迎えますね。その時、店員は何を感じ取らないといけないか。いろいろとありますが……。「この人は買いそうか、買わないか」でしょ。「どんな性格の人だろうか、仕事は何をしている人か」「どういう好みなのか、指のサイズは、靴の大きさは」……。

ええ、僕はだいたいわかりますし、それがほとんど当たってる。そりゃそうだよ、それが直感でわかるのが、プロなんだから。これは、単なる「カン」だけじゃない。いわゆる「セン

ス」だね。人を見分ける「センス」。そして、行動に移す「センス」。

この人は買いそうだ、話しかけた方がいいと思ったら、サーッと寄っていってさりげなく話をする。そうすれば、その人の好みもわかるし、どんなものをお探しかもすぐわかる。

その時に重要なことは、「聞く」こと。よく商人には口先三寸とか言って、おしゃべりが上手な人、おべっかが使えるような人が向いてるように思われていますけどね、商人というものは、詐欺師じゃないんだから、その時だけ口がうまくてもダメなんだ。あとで、三倍、四倍になってしっぺ返しが来るからね。「あんな調子のいいことばかり言って。もう信用できない」などとお客様に思われたらおしまいだもの。

商人に必要なのは、話し上手よりも聞き上手。いわゆる、人の話を聞く耳を持っているか、いないか。それが大切。僕のこれまでの経験だと、「聞く耳を持っている人」ほど、お客様にかわいがられる。

お客様というのは、買う、買わないは置いといて、とりあえず、店の人と親しくなりたい、話をしたいと思っていらっしゃる。あるいは、いいもの、いま買えるものがあって、持ち合わせがあったら、買おうと思っている。中には、ただの時間つぶしかもしれない。それでも、店に入ってきた以上、お客様の中に、なにかしらの「期待」がある。店員にしつこくつきまとわれるのは嫌だけど、無視もされたくない。微妙なところ。また来てもいいけれど、来なくてもいい。わかる？　特にフラッとお店にお見えになったお客様の気持ち。

だから、お客様が入ってこられた時に、この方は、はじめてのお客様だけど、話ができる状態にまで持っていける人かどうか、商人なら咄嗟に判断できないといけない。その直感、いわゆる「カン」。これがすぐれている人は、たぶん商人として大成するね。「いらっしゃい、いらっしゃい。はい、何をお求めですか」という、調子のよさは必要だ。だけど、それだけでいいというものではないんだよ。

「誠実」これも商人が成功するための武器のひとつ

なぜ調子のいいだけの人、ゴマすりの上手な人がダメかというとね、社会的にある程度の地位に立ってるような人は、自分のまわりにそういうタイプが多いから、お世辞に乗らないというか、そんなもの聞き飽きているんだな。

だから、そうした社会的なステータスをお持ちのお客様は、意外にも、店員の中で、どちらかと言えば口数が少なくて、自分の話をよく聞いてくれて、誠実に接してくれる子を大事にしますよ。

そう、誠実。具体的に言えばね、言われたことは必ず実行する。店にないものは「ない」とはっきり言える。そういう人が誠実な人だ。調子のいいヤツにかぎって、そんな商品なんかないのに、「わかりました。すぐにご連絡します」なんて言って、一週間たっても十日たっても、なんにも連絡もしない。そんなことになったら、店の信用まで失いかねない。それに比べれば、

「ありません」と答えておいて、あとで「手に入りましたが、もうお済みでしょうか」と尋ねる方がよほどいいでしょう。

「誠実」な人は、基本的に親切だし、決して嘘をつかない。まず、相手の立場に立って物事を考える。自分の都合を考えない。そういう人は、地味だけど、長続きしますしね。

実際、うちの店のこれまでの経験から言っても、「誠実」な社員ほど、いわゆる世間で言うところの大物から信用されて、長くお付き合いをさせていただいてますからね。

男は「美男子」よりも「好男子」

それから、さっきの採用基準の話に戻りますとね、僕の店にはお客様として、男性も女性もお見えになるわけだから、女性は美人の方が採用されやすいよね。特に、ご年配の男性のお客様は、美人がお好きでねえ。

まあ、美人といってもいろいろあるけどね。

だからといって、うちの店は美人ばかり採用するわけじゃない。それじゃ、銀座のクラブと同じになってしまう。そうでしょ。男性のお客様に合わせて好みの女性を集めるわけにもいかない。だから僕は、顔の美しさやスタイルのよさよりも、「知性」が感じられるかどうか、そこをこれまで女性の採用の基準にしてきた。「出来るブスより馬鹿でも美人」って言うけど、馬鹿じゃ困るよ、馬鹿じゃ。

もっと大事なのは、男を採用する時だ。

同じように女性客が多いから、そりゃあ鬼瓦とか、怪獣のような顔の男より、美男子の方がいいに決まってるけどさ、僕の基準で言わせてもらえれば、採用するなら、美男子よりも好男子だな。上原謙より佐田啓二。わかる？ このちがい。

最近、いないんだよ、この好男子が。いい男なんだけど、知性がやはり感じられる、そんな若い子、いないかな。いまの二枚目は、頭悪そうだろ。だったら、見方によっては僕の方がよっぽどいい。いや、自分で言ってるんじゃないよ、実際そういうふうに言ってくれた女性がいたんだよ。「見方によっては」って、どこから見るんだ。褒められたんだか、なんだかね。

まあ、顔も大事だけど、やっぱり男も女も「知性」がなけりゃダメ。

商売になぜ「知性」が必要か、と言うとね、基本的にお客様との「呼吸」で商売は成り立っているから。お客様によって、ある時は「攻める」。またある時は「退く」。この阿吽の呼吸が、商売には不可欠なんだ。

つまり、「おしゃべり」になったり、「聞き上手」になったり。もちろん、商品知識も十分に持ち合わせていなければならないし、その日にあったニュースだって知らなければ、それこそ話にならないわけだから。

そういうお客様との阿吽のやり取りができた上で、美人や好男子だったら、文句なしというわけだな。だから、いないわけだよ、そんなにたくさん。

「商人に向く人」は、こんなところかな。またなにか思いついたら話すよ。

関西商人と江戸っ子商人のちがい

次は何だ？　「江戸っ子商人の特徴は何ですか」か。

答えは簡単だ。馬鹿のひと言。え、いや、笑いごとじゃないんだよ。江戸っ子商人の特徴だろ？　馬鹿だよ。関西の商人と比べてみたら一発でわかりますよ。

関西の商人と江戸前の商人のちがいはね、江戸前の商人が「勘定」と「感情」が一緒になってしまうのに比べて、関西はそのふたつを分けて考えられるってことだ。

たとえばね、江戸っ子商人はね、自分が好きなお客様が来たりすると、儲からなくても売ってしまうんだ。馬鹿だから。「あんた、気に入った。さあさあ、持ってきな」ってなもんですよ。ところが、関西の商人は、「こいつは俺の友だちだけど、儲からないから、あいつとは商売しない」って、はっきり商売と友情を区別できるんだ。

江戸っ子は遊びも商売も一緒。だから、「江戸っ子は宵越しの金は持たない」なんて言えるんだ。僕は江戸っ子だから、自嘲的に言ってるんだけどな。だいたい江戸っ子というヤツは宵越しの金を持たないんじゃなくて持てないんだよな。

僕らの業界で言うとね、昭和四十年代、いわゆるブランドの総代理店というのは、東京にずいぶんあった。いわば、東京が拠点だった。ところが、今じゃほとんど関西商人が握っている。

代理店を兼ねている問屋が東京にはだいぶ少なくなったたってわけ。

どうして関西に移ったか。関西の商売人の方が上手だから。

たとえば、あるブランドとの契約が三年で、百万ドルだとする。それでなんとか商品を売らせてもらっていたら、三年目が終わった。さて契約の更改だ。その時に、相手は百五十万ドルと言ってきたとしようか。その時、東京の商人は、咄嗟に「そんなことはできない」と思うわけ。百万ドルでも大変なのに、相手は勝手に一・五倍に吊り上げてくるんだろ。「そんな契約結べるかって。冗談じゃない」って再契約をやめるか、逆に無理して同意してしまう。まあ、だいたいはやめますけど。

ところが、関西商人はちがうんだな。「ああ、そうでっか。契約しまひょ」とかなんとか言って契約を結ぶ。結んだ上で、「それじゃあ、差額の五十万ドル分余計に売れるものを作ってくださいよ」と条件をつける。「売れなかったら、あんたのせいでっせ」と最初から注文をつけるわけです。東京の商人は、馬鹿だから「約束は約束。守らなければ相手に失礼」と、こう思ってしまう。そこに「情」が入る。だから、「売れなかったら自分のせい」だ。売る自信がなければ、契約を破棄するしかない。ところが関西はちがう。売れないのは相手のせいだと考える。だから、条件を最初からつける。そこにあるのは、「ソロバン勘定」。「感情」と「勘定」の違い。

なぜ、商売の上で、江戸っ子商人はダメかと言うと、徳川幕府が三百年続いたせいで、みんな天下泰平なんですよ。ひと言で言えば、甘い。それが、今も続いてる。逆に関西商人は、戦国時代を経験してますからね、生き残るためには、そんな甘いことを言っていられないんです。「そんなアホな。いちいち相手に情けなんかかけとったら、こっちが生きていかれまへんがな」と思っているんです。

このちがいが大きいんだ。よくこんなことを言う人がいるだろ。「なんだよ、あいつ、成功したからって、えらそうに。こっちが困っている時ぐらい手を貸してくれたっていいじゃねえか。言いたかないけど、昔はよくあいつの面倒みたよ」って。これが、江戸っ子商人の特徴。恩を売る。恩に着せる。ところが、関西商人は「それはそれ、ありがたいと思うてます。でもなあ、商売は別でんがな」ですよ。裁判官風に言えば、関西商人は「人情としては忍びないが、業務上の過失ではない」という理屈。

え、僕かい？　僕は江戸っ子。逆に言うとね、情がからまないとね、商売はおもしろくも楽しくもないと思ってる方だから。お客様に値切られて、「これ以上は負けられないんですよ」と泣きついたりして。で、次にいらしてまた値切られた時には「今度は泣かせないでくださいよ」と懇願したりしましてね。そうすると、お客様の方でも「この間は無理を言ったから、今度は値切るのはやめよう」と思ってくださる。これが「情」ですよ。いや、近頃はお客様まで関西的になってきています。一度値切ると、次も値切らないと損だと思ってますからね。もう、参りますよ。

情がすたればこの世は闇だ

これは、ビジネスの世界についても同じことが言えますね。特に国際競争になりますと、「情」に溺れてたら生き残れませんから。たとえば、商社マンがアジアのある村に行って、材木を安く買い集める。その時だって容赦しませんからね。相手がどんなに泣きつこうと、徹底的に買い叩く。銀行だってそうじゃないですか。借りる必要のない時に貸しておいて、いざとなったら、貸してくれないどころか、増し担保を取り上げてやっと貸してくれて、あげくの果てには倒産させてしまうんですからね。

僕らの時代まではね、「あいつは情があるからね」というのは、褒め言葉だった。いまは、商人にそんなことを言えば、「あいつは馬鹿だ」と言っているようなものですからね。

でも、僕はたとえ、それこそ馬鹿だと言われても、いつだって相手のことを思いながら、自分のことも考えるようにしている。たとえば、損をするなら、みんなで損をしようという考え方ね。たしか、昔の落語にもありましたがね、三方一両損ってえ噺《はなし》が。

「俺は損したくない」「損をするならお前ら、勝手に損をしろ」。いま、国際社会はまさにそういう時代だもの。昔はね、隣りの子なんか家でよく預かったもんだよ。だけど、今じゃ、「怪我させたらこっちの責任になっちゃうから預からない」っていうんだろ。

ざんざんぶりの雨の中、小さい子がずぶぬれになって泣きながら歩いていても、誰も声をかけない時代だもの、商売に「情」がいらなくなるわけだよな。でもね、これだけは言っておきたいんですけど、僕の目の黒いうちは、馬鹿と言われても、「商売と情は一緒」でやっていきたいもんですね。

だって、そうでしょ。僕らの商売は、人間同士でやるものじゃないですか。人間は感情の動物だよ。それがなくなったら、この世は闇だと思っているんだがね。まあ、どこまでが「情」か、そのあたりはむずかしいけどな。

運は誰にでもある。摑むか逃すかが問題だ

次は「運を自分の味方にするにはどうしたらいいんですか」か。

運、不運の問題ね。これは人生につきもの。実際、友だちと話していると、よくこの話が出てくる。「長さん、あんた運がいいねえ。俺なんか、ついてないよ、まったく。なにやってもだめなんだから」なんて、自分の失敗を運のせいにしてやがる。

運というものはね、誰にだってあるんだ。ただ、取り逃がしているだけのことよ。だから、人生、運をいくつ摑むか、そして摑んだ運をどう生かすか、そこで決まるんだよ。特に商売は、運を摑むのと取り逃がすのでは、雲泥の差が出てくる。「ついてないよ」と嘆いているヤツは、嘆いたその瞬間、もう運を逃していると僕は思いますね。

幸運は、向こうからやって来る。よく言うでしょ。運には前髪しかなくて、後ろがツルツルだって。だから、向こうからやって来た時にその前髪を摑まないと、振り返った時にはもう髪がないから、摑もうとしても摑めないって。

これは当たってる。実際、みんな、そうやって取り逃がしているんです。「あの時、こうしておけばよかった」とか、「なんであんなことをしたんだろう」とか言う人がいるけど、結局は、せっかくやって来た運を見過ごして、あとから気がついただけのことなんですよ。

神様は公平なんだ。誰にでも同じ量の運を運んでくれていると思いますよ。そうですよ、幸運というのは誰にも平等なんだ。そりゃあ、ジャンボ宝くじの当たる回数は同じじゃないよ。でも、いい人に出会うとか、子供が親孝行だとかな。子宝というくらいなんだから、いい息子を持てるかどうかなんて、宝くじと同じ。運だよ、運。

じゃ、商売をしていて、その運を摑むにはどうしたらいいのか。大事なのは「意識」。常に、運が巡ってくるのを意識して待っていないと摑めない。釣りの名人が浮きをじっと見ながら、潮の流れ、天気を考え、当たりが来るのを待っている時、竿を持つ指先まで神経を集中しているでしょう。そのぐらいの「意識」を持っていないと、運は流れ星のように、サッと通り過ぎていってしまう。

だから、「長さんは運がいいねえ」と言われるけど、僕は決してそうは思ってない。これまで、僕だってかなりの運を取り逃がしていると思っている。ただね、そう思っても僕は「ああ、あんなことはしなければよかったな」という言葉を一度も口にしたことはない。後悔したっていいことなんかなにひとつないもんね。

ついてない時ほど、神経を研ぎ澄ませ

運が悪い、ついてないと思った時は、逆に考える。次に来る幸運を絶対取り逃がさないぞって。それも粘り強く、じっと意識を集中させて待つ。

よく、成功の秘訣は「運・鈍・根」って言うでしょ。商売には運と地味な努力とひたむきさが必要だというたとえだろうけど、僕はそうじゃない。この「運・鈍・根」というのは、順番なんだと思ってる。

まず運がやって来て、その運をひたむきな努力と粘りで生かす。そうすると、また運がやって来る。たとえ、運を逃しても、一生懸命待っていれば、また運が来る。つまり、「運・鈍・根」で終わるのではなく、「運・鈍・根・運・鈍・根・運……」とつながってやって来ると信じているんですよ。

だから、「あっ、取り逃がした」と思ったら、じっと我慢をしながら次に間違いなくやって来る運を、それこそ手ぐすね引いて待てばいい。そう思っているからこそ、「ああ、あんなことはしなければよかったな」と言わなくていいわけですよ。「七転び八起き」とか、「人生山あり谷あり」という言葉は、運に関係したそういう意味だと僕は思っています。

要は、運を取り逃がしたと思った人は、次を待てばいい。運は鈍・根のあとに必ずやって来

るものなんですから。

つまり、物は考えようなんです。気持ちですよ。自ら自分の気持ちをどう変えるか。落ち込んだ時にどう奮い立たせるか。次のチャンスをどう待って、運をどう摑むか。運、不運というのは、結局、そこにたどりつくんだと思います。

僕はいつも「自ら変ずれば、転ず」と思っています。

ついていない人生なんか、存在しない。運は公平なんだから、それまで取り逃がしてきただけなんだ。だったら、次のチャンスを待てばいいし、今度こそ運を摑めばいい。「俺はついてない」と嘆いていると、自信を失ってしまうから、ますます運を逃してしまう。むしろ、「俺はついてる」と思うようにすれば、運が向いてくると思いますがね。

逆に言えば、「俺はいつもついている」と思っている人でも、ついていないことだってあったんですよ。でも、常に「ついている」と思っていますから、たとえ失敗しても、「この程度のミスで済んだ。ついている」と思って落ち込まないんです。

じゃ、どうやって運を摑むか。具体的にここで運が必ず巡ってくるための秘策を教えてあげましょう。

「四ない主義」。これを守れば、必ずツキに恵まれる。

それはね、次の四つ。
一、反省はするが、後悔はしない。

二、決して愚痴をこぼさない。
三、悪口を言わない。
四、人を羨ましがらない。
この四つの「ない」を守ってさえいれば、すぐにでも幸運が舞い下りてくる、と僕は思うね。

そう、落ち込まないこと、人のせいにしないこと、噂話を信じないこと、自信を持つことですよ。

「運」とは人が運んでくるもの

もうとっくに亡くなったけど、今東光さんがね、ある時、僕にこう言ってくれたんです。

「お前がやってる仕事は、自ら求めた道だろうが、美しいものを日本に持ってこようと思った瞬間から、運が巡ってきたんだ。世界中の美しいものを持ってくれれば、美しいものがわかる人たちが集まる。美しいものが見分けられる人たちというのは、心の美男美女ばかりだ。そういう人に囲まれるのだから、お前は運がいい。人生は、なんていったって、つまるところは、誰と出会ったかどうかなんだから」

僕は、先生に言われるまでもなく、そうだと思ってましたね。ということは、どんな人とどこで出会うかで、人生が変わってくる。当然、そこに運、不運が生じてくるということです。人との出会い、これは大切です。

僕はどうも生まれつき、人に好かれるタチなんだ。この顔のせいだと思っているんですがね。

世の中には、よく「自分は人嫌いだ」とか、「人と会うのは好きじゃない」と言う人がいるけど、そういう人は、僕に言わせれば、自らチャンスを逃しているんだと思いますよ。人に会うのはいいことなんだよ。もちろん、場合によっては「あんなヤツに会わなければ、こんなに損することはなかったのに」と思うことだってある。でも、その損がまたいい経験になって、次の運を呼び込むことだってあるんですよ。そうなれば、「ああ、あの時にあいつに会ってひどい目にあわなければ、この幸運はなかったな」と感謝するわけだから。悪いことも勉強だ。

とにかく、「運」は人が運んでくるってこと。

僕が戦争直後にはじめた闇屋だって、電通の吉田社長に「お前、商売やるなら椅子だけは置いておけよ」と言われて、六畳ほどの部屋にともかく椅子と小さなテーブルを置いたことから、大きくなったんだ。

吉田さんが言うには「立って売っているものにいいものなんかないんだから」って。椅子を置けば、やっぱりお客さんだってゆったりした気分になれるからね。そうなれば、常連さんもできるし、話だってゆっくりできる。「立ち話もなんだから……」って、今でも人に会った時に言うだろ。椅子は大成功だった。おかげで、吉田さんの言う通り、いいお客様が増えたもの。ましてて、美しいものを集めて売れば、そうした美しいものがわかるお客様が集まってくる。もうそれだけで、「運」は僕の店に運ばれてきていたんですね。

「運」という字は、「運ぶ」と書くくらいなんだから、運ばれてくるものなんだ。その「運」をまた僕が生かす。そうすると、僕の「運」がまたお客様に行く。だから、人と会わない人には、運は巡ってこないんだよ。僕なんか、毎日、毎日、人と会って、「この人は運を運んでくる人にちがいない」と思ったら、自分の方から深く入っていくもん。これも、カンだ。閃きだ。そのカンもまた、人と会っていないとなかなか磨かれないもんですよ。

商人は損して得とれ

そうは言ってもね、商売を続けていれば、たまには「運」が悪いことが続いて、損ばかりすることがありますよ。でもね、「運」は人が運んでくる以上、多くの人と接していれば、必ずいつかは巡ってくる。だから、損したからといって落ち込んでいたら、せっかくやって来た次の「運」も逃げてしまう。だから、嘆くなって言うわけ。

商人は損して得とれ、というのは本当だ。その場では明らかに損をしたけれど、最後に得をとればいいんだから。七転び八起きというのは、何度失敗しても立ち上がることだけれど、僕は七回続けて失敗しても、八回目で勝てばいいと解釈しています。最初は損でも、最後に得をとれば、それでいいって。オセロゲームだってそうだろ。最初が白で、あと黒ばかりでも最後が白ならそれまでの黒が全部白にひっくり返る。だから、七転び八起きだ。まあ、いまの世の中、七回も商売で失敗したら、普通はたいがいつぶれちゃうけどな。

僕の例で言えば、グッチだってエルメスだって、最初のうちは挫折の連続だった。高い金使って、わざわざヨーロッパに行ってさ、まるで子供の使いだよ。でも、最終的には、その誠意が伝わった。なにしろ、最後はエルメスの方からわざわざうちの店にやって来たんだから。

商人は損して得とれだよ。

たとえばね、お客様の中には、変なことを言う人だっている。「これがフランスのグッチね」なんて。「いえ、グッチはイタリアです」ってこっちはすぐ言いたい。でも言わない。その人がほかの店でその間違いを指摘されたとすると、「前の店は、私に恥をかかせなかった」ということになって、そのお客様はまたこっちに来るよ。

また、「負けろ」と言ってきかないお客様がいたら、その人に賭けてみることもある。明らかにこっちが損をすると思っても、いったんは相手の言う通りにする。次に来た時に、まだ「負けろ」と言われたら、僕の人を見る目が間違ったということ。たいがいは、「この間は悪かったね」と言って、たくさん買ってくださったり、いいお客さんを紹介してくれたりする。まさに、損して得とれの典型だ。

人間と人間の付き合いだもの、貸し借りがあって当然でしょう。「あいつには借りがあるからな」ってよく言うじゃないですか。お金の問題じゃないでしょ。困っていた時に助けてくれたとか、そういう人間同士の問題ですよ。僕は江戸っ子だから、そう信じる。関西商人には間違いなく馬鹿にされるだろうけどね。

父のように兄のように僕をかわいがってくれたアルド・グッチと。これは京都と奈良を案内した時の、奈良ホテルでの1枚。

たとえば、東京では「あの寿司屋は近所に安い寿司屋ができて、客が減って困っているらしいじゃないか、今度、宴会で使ってやろう」と思う人がたくさんいたんですよ。そうしたら、寿司屋の親父だって恩に着ますよ。その次に宴会をやる時に予算がなくても、顔を立ててくれる。損して得とれ、というのは、そういうこと。

でも、今はそうはいかないか。今の人たちは、貸し借りの意味がわからない。貸し借りというと、すべて金銭的に考えすぎるんだ。だから、みんな、安かろう、まずかろうという寿司屋に行って、昔からあった寿司屋がつぶれちゃう。困ったもんだね。

夢のないヤツには、ツキの神様は宿らない

「運」は人についてくる、と言いましたけど、誰にでもついてくるもんじゃないことも確かだね。どの人から運を貰うか。これも商人にとっては大切なことだ。

僕のこれまでの体験で言えば、打算的な考えばかりで生きている人は、「運」を見逃すことが多いようだ。もっとも、そういう人は、すべてが自分の実力だとカンちがいをしているフシがあるから、成功している時は、「運」とか「ツキ」とか信じないものだよね。そのくせ、失敗すると、そういうヤツにかぎって責任転嫁しやがってな、「俺はついてない」とか「運が悪い」なんて言い出すからね。

商売は、あくまで人間と人間が行うものだから、「俺が、俺が」は絶対にダメ。だからといって、お客様の言いなりでもやっていけない。だから、おもしろいし、飽きないんで、「商い」と言うんですよ。

まあ、いろいろな商売があるけど、「運」が巡ってくる可能性が高いのは、夢を売る商売じゃないかと僕は思う。

なぜかと言うと、たとえば、僕なんか、外国の文化を売っていると思ってるでしょ。お客様がいらして、僕の店の美しいものを着ていただけば、当然、その方は輝く。キラキラしてくる。笑顔も増える。人も集まってくる。そうなれば、その方のまわりにたくさんの人がいらっしゃるわけだから、「運」も運び込まれてくる可能性が高いわけです。独身の女性なら、いい男が集まるとかね。そうして、その「運」は、やがて次に僕のところに巡ってきます。

銀行や金貸しじゃ、そうはいかないよ。貸し渋ったり、催促したりしなければならない商売じゃ、「運」は平等に巡ってくることはくるんだけど、「運」だってすぐ逃げちゃう。女性だって大変だよ。「あそこのサラ金でお金を借りたら、いい男が集まってきて」なんてことには決してならないから。逆に怖い人に追いかけられたりしてね。

ということは、商売をするなら、せめて夢を持って商売しろということになる。実際に売り買いするものは商品だけど、その中になにか夢が隠されているような、夢やロマンを感じられるようなものを含ませて売りなさい。

たとえば、ケーキひとつだって、子供の笑顔が、家族の団欒《だんらん》が、恋人同士のささやきが感じられるような売り方だってあるでしょう。それが夢を売ることだし、そこから「運」やら「ツキ」が巡ってくると思いますよ。小さい商売だっていいんです。

僕は小商人《こあきんど》だけど、お客様に夢をお売りしているから、これで十分だと思ってますよ。ダイヤモンドだって小さいんだから。

商人に必要なのは「切る」「捨てる」

誰だって、不平や不満はありますよ。そのたびに「俺は上司に恵まれない」だの「部下が馬鹿ばっかり」なんて言ってたって、なんの解決にもならないばかりか、巡りめぐって、そういうことは自分に戻ってくるのがわからないかなあ。だから、僕は人の悪口は絶対言わないようにしてるし、こぼし話もしない。商売やってて、人の悪口を言ったら、おしまいですよ。

そりゃあ長いことやってれば、うまくいかなかったことだってありますよ。人に迷惑をかけられたこともある。でも、僕は、すぐに頭の中から消している。そしていつもいいことだけを追いかけている。

この「捨てる」ということは、実は「運」を摑むことにつながっていると思いますね。不運だった、と思っているうちは、不運に足を摑まれてしまっていますから、幸運をなかなか摑めない。そんなものは、切るんですよ。捨てるんですよ。

僕は、この「切る」「捨てる」ということを華道の勅使河原蒼風《てしがはらそうふう》さんに教わった。

ある時ね、勅使河原さんに呼ばれて稽古場に行ったらね、お弟子さんが十人ぐらいいたかな、いろいろな花を生けているわけ。「先生、できました」っていうんで、勅使河原さん、おもむろにひとつひとつの作品のチェックをなさるんだけど、とにかく捨てる、捨てる。せっかく生徒さんが一生懸命生けた花を次々と捨てたり、切ったりしているんです。

時には、一輪の花だけが残る。これが極意なんだって思いましたね。たしかに生かされている。花を生けるのではなく、花を生かす。だから生け花なんだって、あの時、思いました。ああ、切ること、捨てることができない人はダメなんだ、と痛感させられましたね。

だから八方ふさがりで、どうにもならない時は、大事なものだけ残してすべて捨てると、運が開けるって言うでしょう。たとえば、金も名誉も女も大事だという人がここ一番行き詰まったらどうする。

金が大事なら、名誉と女を捨てればいいし、名誉が大事だったら、金と女を吐き出せばいい。女が一番だったら、道行《みちゆき》だな。梅川忠兵衛だ。わからないか、今の人には。駆け落ちか心中だよ。

まあ、「運、不運」については、このくらいかな。

道楽は必要だ。ただし、ひとつだけ

えっ、女性との付き合いですか。

あのね、商売と恋愛は正比例することは間違いがない。そう、正比例。つまり、商売がうまくいっている時は、恋愛もうまくいくってこと。だって、儲かってるんだから、金払いはいいしさ、もてるに決まってる。逆に言えば、金のない時にそれまで通りに金を使えるヤツはたいした人物だってことですよ。

あげまん？　いますよ。僕のお客様の中で、「ああ、この奥様がいるから、この人は成功したんだな」って思える人が。いや、派手じゃない。どっちかというと、地味で、家庭をしっかり守っていらっしゃるタイプ。ご主人の方は豪快だよ。あっちこっちに若い子がいて、よく一緒に買い物に来たもんですよ。

こっちも心得たもので、それぞれの女性に喜ばれるものを仕入れておいたりしてね。「今日は京都の方ですか」とかなんとか言って、プレゼント用に準備しておいた品物をお出ししてさ。今はそういうおおっぴらに浮名を流す人は少なくなりましたね。みんな家庭サービス専門。かみさんに気を使うようになったら、男はおしまいだよ。まあ、僕なんか、昔からその典型だけどな。

あんまり女性の話をすると、ボロが出そうだから、この辺でやめとかないか。

いやいや、僕はその点は硬派だった。堅物、堅物。

そうそう、女道楽って言葉があるけど、道楽にもいろいろありますよ。京都の着道楽、大阪の食い道楽ね。うちの父母も弟も妹も、それこそ商売そっちのけで芸の道楽一方だったけれど、

僕が出会った人たちの中でも、名取洋之助さん（上）と今東光先生（下）は、人生の師でした。名取さんは早くに亡くなられて残念だったけれど、今でもお嬢さんやお孫さんとのお付き合いを続けています。お嬢さんはタイで孤児救済の活動をずっと続けていらっしゃる。今先生のこの写真は、うちの本店の地下ギャラリーで書の個展をなさった時のスナップです。いい字をお書きになりました。全部ぶっつけ本番ですよ。下書きなんかなし。本当の文士というのかな、焼物も書も絵も、なんでもなさいました。

越路吹雪さん（右上右）、フランキー堺さん（右上左）、三船敏郎さん（右下）ほか皆さんお得意様でした。若尾文子さん（左上）は大映の永田社長のご紹介です。北大路欣也さん（左中）とはパリのクリスチャン・ディオールの店の前でばったり出会って、お買い物のお手伝いもしましたね。創業20周年の時にはグッチのコレクションショーを兼ねたパーティを開催。アルドもイタリアから来てくれました（左下、森光子さんと3人で）。

僕は祖父に似て不思議と、まったく道楽というものはしなかったんです。江戸っ子は金に糸目をつけずに「飲む、打つ、買う」の三拍子と言うけど、僕はそのどれもなかった。

それでね、昔、こんなことがあった。僕がまだ四十になったかならない頃だ。ある日、お客様だった今藤長十郎さんという長唄三味線の名人（のちに人間国宝）に、こんなことを言われたんです。

「長さんな、お前は外国の美しいものをこうやって売って、とってもいいことをしていると思うよ。だけど、和魂洋才というように、あなたも日本人なんだから、日本の文化も無視しちゃいけない。ひとつ、和の心を知るための道楽をしてみたらどうだい」

って。あんまり僕が遊びをしないものだから、注意してくれたんだな。

その頃、銀座の旦那衆たちには「銀座くらま会」という親睦団体があって、小唄とか長唄とか踊りとか、いろいろやってて、その芸をお客様に年に一度お見せしていた。お見せするったって半端じゃない。なにしろ、歌舞伎座や新橋演舞場を借り切ってやるんだから。その会に僕に入れと言うんだよ。「銀座くらま会」っていうのは、みんな芸に関しては天狗だからっていうわけ。

入りましたよ。三味線の名人に誘われたんじゃ断れない。ええ、もちろん、長唄ですよ。出ましたよ、歌舞伎座にも。『勧進帳』だ。この顔で唄ったんだから。

「旅の衣は篠懸《すずかけ》の、たーびのころもはーすーずかけのー」って。

出るだけで、当時の金で四百万だ。だから、毎年なんか出られない。四年に一回、オリンピックだよ。なんでそんなにかかるかというと、長唄っていうのは、ひとりでやるもんじゃないんだよ。唄も三味線も五人ずつ必要だし、そのほか、大鼓、小鼓や笛、太鼓のお囃子《はやし》も入れると、なんと総勢二十一、二名、なんといっても『勧進帳』ですからね。大がかりなんですよ。しかも、名人家元の今藤さんが集めたから、僕のまわりはそれぞれ各流派の家元ばかりだもの。御礼が大変だ。しかも、舞台は歌舞伎座ときた。出演料どころじゃないよ、自分で出すんだから。二十五分間で、四百万。来てくださったお客様にはお土産付きだ。死にそうですよ。派手だけど、無理してた。花火じゃないけど、見せるからには五尺玉。江戸っ子だからね。

でも、お稽古はおもしろかったですよ。時々電話がかかってくるんだ。「明日、暇ができたから稽古つけてあげる」「どこへ行けばいいんですか」「京都の先斗町だ」「はい」。

おかげで、お茶屋遊びも兼ねましてね。

そうですよ、銀座の旦那衆の道楽って、そんな感じでしたからね。え、評判？　今でも語り草のようですよ。「茂登山さんは『勧進帳』一本。うまい、まずいじゃなくて、それがすごい」って。普通、どうせ出るんだからって、毎回ちがう演し物《だしもの》にするわけ。僕は四回とも同じ。新橋演舞場でもやったな。でも、やってよかったと思いますよ。今東光先生や長谷川一夫さんが楽屋に来てくださったりしましたから。ヨーロッパの文化も売っているけれど、あいつは日本の文化も大事にするヤツだって、思われたようですからね。

「銀座くらま会」のメンバーの一覧表を大きな絵馬にして、京都の鞍馬寺に奉納してありますよ。

どこかに写真とプログラムがあっただろう。ああ、それだ、それだ、こっちに持ってきて。これが、僕だ。プログラムを見ると、もうほとんど亡くなってるなあ。木村屋さん、「つくし」っていうお菓子屋さん、これが呉服のきしやさんね、資生堂の白川さん、ああ、松坂屋の伊藤さんね。今でも出ているのは、相模屋の原田さんぐらいかな。

今でも見に来てくださったお客様から、時々言われますよ。「もう一回おやりになったらどうですか」って。そりゃあ、金があったらやってもいいけど、借金してまでしたくないよ。

まあ、商人にとって道楽は「これだ」と思えるものをひとつ持っていれば、人間の幅も多少広がるというものでしょう。ただし、博打と女はやらない方がいいに決まっていますけどね。道楽が「道落」になるといけませんから。

主人の「目」こそ、店の暖簾

それからこれはとっても大事なことだけど、「商人の目」は大事ですよ。

商品を選択する、店内の配置に気を配る、お客様の気持ちを察する、さらには流行や時代の先を読む……。これ、すべて「目」ですからね。自分の目で見て、カンを働かせなければいけない。いや、全部が全部、「カン」だけで勝負しろとは言いませんが、いまの人は、あまりにもカンというものを馬鹿にしている。過去のデータだけじゃ、商売はできないのだから、もう少し、カンを信じなさいと言ってるわけ。そのためには、商人は「目」が大事。若い時から、いわゆる「モノを見る目」を養っておかなければ。

たとえば、店で売るハンドバッグを十個仕入れるとしましょうか。いま、ここに仮に百個のハンドバッグがある。どうやって自分の店で売るバッグを選ぶ？　パソコンに向かって過去のデータを調べたって、それはあくまで統計であって、コンピューターが売れる色や形、デザインを決めてくれますか。

僕だったら、まず、自分の気に入ったものを「これもいいな、これもいい」という調子でまずざーっと三十個ぐらい選びます。それも、わずかの時間でパッ、パッと。自分の好みだけじゃないですよ。頭の中では「これは売れる」「これもいける」とカンを働かせていくんです。そういう時って、バッグの方から「私を選んで」とか「どう、いいでしょう」と呼びかけてくる。いや、ウソじゃないよ。そういうものなんだよ。

その時の僕の頭の中をもう少し詳しく説明すれば、最初は自分の好きなものだけを手に取る。次は、売れると直感したもの、最後は店に並んだ時の商品構成を頭に浮かべる。余裕があれば、お客様の顔を浮かべて、「これはあの方におすすめしよう」とかなんとか。

だから、ものの数分で百個の中から選び出せる。そして、その中から販売価格を考えて、捨てていく。もちろん高いのも買いますよ。逆に言えば、高いのは僕しか仕入れられない。社員

唯一の道楽、長唄の『勧進帳』です。楽屋前のはワイフ。ミラ・ショーンの服じゃないかな。手ぬぐいは今東光先生に書いていただいた書を印刷して、見に来てくださった方々にお配りしたもの。毎回200枚ぐらい作りましたね。絵馬は鞍馬寺の回廊に「銀座くらま会」から奉納したもので、すごく大きいです。

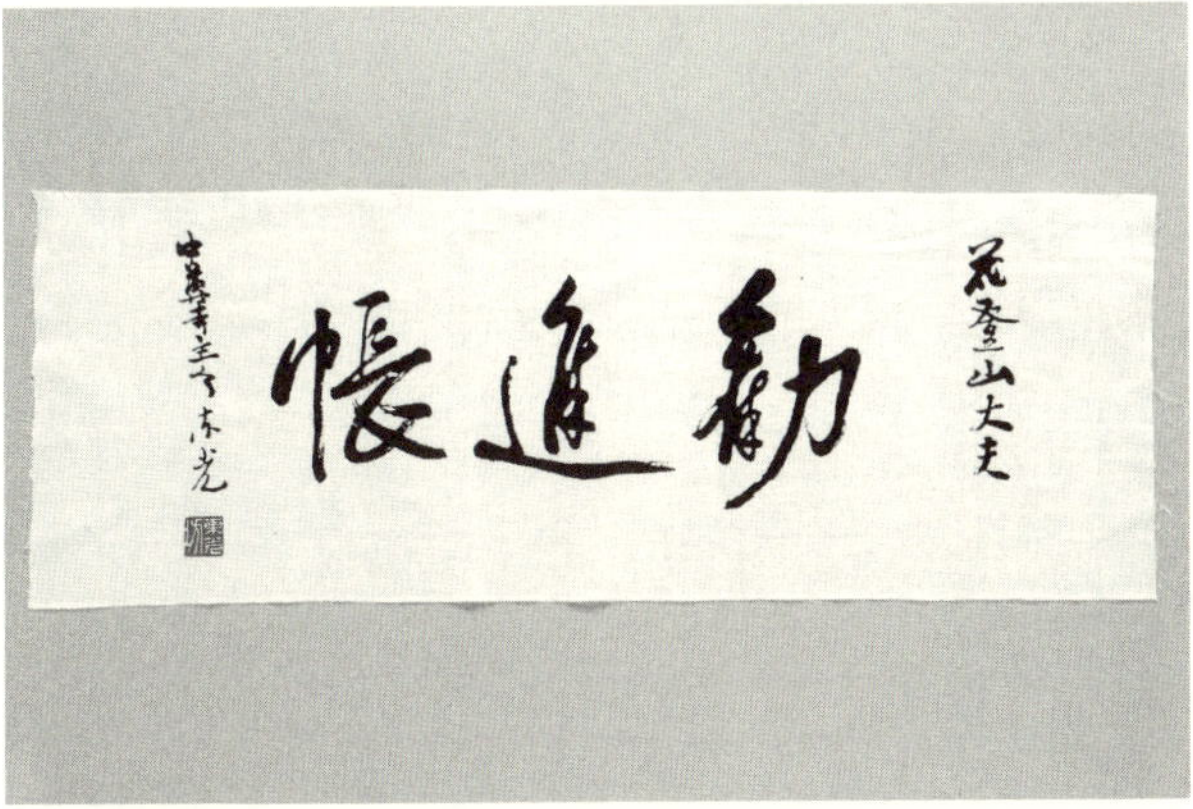
勧進帳

昭和四十年六月七日

じゃビビッて買えやしないもの。

そう、勅使河原さんの生け花と同じだ。最初大きく選んで、捨てていきながら、三十個を十個にするわけ。素人はね、百個の中から十個選べと言われたら、一個取って、また一個と増やしていく。「これがいいんじゃない」「これもいい」って。商人はそれじゃダメ。カンで三倍から四倍選んで、そのあとで減らしていく。この「捨てる」「切る」に時間をかけるんです。真剣勝負なんだから。買う時は十個まとめてだけど、売る時は一個ずつなんだから。

それと、もっと大事なのは、その選び方が店の個性だということですよ。

たとえば、町を歩いていてショーウインドウをのぞいて、「わー、この店のセンスは悪いなあ」と思うことがあるでしょう。飾られている服が派手な色使いだったり、いかにも趣味の悪い人が着そうなデザインだったり、水商売風だったり。その向かい側の店は、それに比べてまあまあだとしましょうか。

どっちの店が残ると思います？　センスが悪い方はどちらかというと、つぶれない。なぜか。そういうクセのある商品を売っている店はなかなかないから、特定の固定客がたぶんついているからです。逆に、中途半端にお洒落な店は、別にそこで買わなくてもいいわけですから、やがてつぶれる。

名誉のために言っておきますけどね、われわれから見て、センスの悪いシャツや洋服を売っている店の主人のセンスが別に悪いんじゃないんですよ。そういう店の親父が、出かける時はアルマーニを粋に着てたりするんだから。

この場所ではこういう商品が売れるという判断から、センスが悪いとは言わないが、わざわざ個性的な商品を選ぶ主人の目が、その店の「暖簾」だということです。

その店の主人も仕入れの時は真剣だと思いますよ。百着から三十着選び、ショッキング・ピンクや蛍光色の服の中から、次々と捨てていき、とびきり個性的な十着に絞るんですから。「主人の目が、その店の暖簾」。なっ、長さんも、たまにはいいこと言うだろ。

品物を選ぶ時には、最初に値段を見ない

仕入れをする時に、僕はまずいいもの、欲しいもの、売れるものをたくさん選んでおいて、そこから「切る」「捨てる」ということをすると言いましたけれども、その時に大事なことは、物を選ぶ時、最初に絶対に値段を見ないことです。

普通の人は値段と物を一緒に見るんですよ。そうすると、必ずといっていいほど、迷いが生じます。「うーん、どうしようかな。ちょっと高いな。ほかに安くていいものがないかなぁ」って。でもね、バーゲンセールでないかぎり、高くても安くても、商品と値段はマッチしてますから、そう簡単に掘り出し物は見つからない。

僕の場合は、自分がいいなと判断したら、瞬間的に手に取って買うつもりになっておいて、それから正札を見ます。ということは、むしろ、衝動買いに近い。ただ、全体の予算がありま

すから、「これ、いいな」と思ったものの中から、ひとつずつ捨てていくわけです。

たとえば、「これはいいけれども少し高すぎる」と思ったら、三十買おうと思ったものを十にする。「これはいい！」と思って手に取って、正札を見て「思ったより安い」と判断したら、三十買うところを五十買う。

「仕入れのやり方はわかったね。じゃあ、やってみなさい」と僕が部下に言ったとするわ。ところが、これがなかなかできないんですよ。どうしても、物と値段を一緒に見るクセがついてしまっているから。それに「これはいい！」という確信も持てないだろうからね。これも、言葉では説明できない。商売の「カン」がものを言うわけだから。パソコンでは絶対にできない。これも、やはり商人として、「品選び」の訓練が必要だということでしょうね。買った物は必ず売らなきゃならないのですから、真剣勝負ですよ。

まず、自分でいい商品を見極め、それに値段を想定し、お客様がいくらなら買うか考え、それからおもむろに正札を見る。これが訓練です。一流と言われる店で、その値段がズバズバ当たるようになれば、「品選び」の素質があると言っていいでしょうし、値段のつけ方がわかれば、仕入れ値の見当もつくというものです。

一度、ウインドウショッピングをしながらやってみてください。自分の能力がはっきりわかりますから。

客は見かけによらぬもの

商品を見る「目」の次は、お客様を見る「目」。これも商人にとっては、とても大切。お客様を見る「目」も真剣勝負ということです。

昔からよく知っているお客様ならいざ知らず、商人はたくさんのお客様を相手にしていますから、「この人は買うだろう」「この人は買わないだろう」などと見かけだけで簡単に決めつけてはいけません。たとえば、男性のお客様が若い女性に似合うものをごらんになる。娘さんがいらっしゃるのか、ご自分の奥様にか、それとも……。よく見ることが、すなわち、お客様を見る目を養うことなんです。そうしている間に、だんだんその人の性格とか、職業とかがわかってくる。

僕の経験では、大物は最初から名刺なんか出さない。ましてのこと、「俺は〇〇だ」なんて決して言わない。たとえ尋ねても、「いいじゃないか、名前なんか」って、逆に照れたりする。そうした中で、その方が何をごらんになるか、何を買っていかれるか、そこをよく観察する。

逆に、有名な女優さんでも、ネクタイを選ぶのに、三十分かかっても、そのたった一本が決まらない方もいらっしゃいますよ。「これがいいかしら」「あっちの方がいいんじゃないかしら」って。大事な男性へのプレゼントなんでしょうが、そこまで時間がかかると、「ああ、この方はご自分の意見がなにもない方だなあ。じゃあ、こちらから決めてさしあげよう」となります。同じ女優さんでも、自分のセンスに自信のある方は、さっさとお選びになって、「あら、エトロね。きっと彼に似合うと思うわ」と言いながら、買ってくださいますから。

　また、ハンドバッグをお求めになるにしても、今お持ちのバッグとどうちがうのか、さっと観察する。前にお買いいただいた方だとすれば、同じタイプなのか、まったく別のものなのか、ブランドは統一されているのか、そうでないのかなど、いろいろ頭の中で考えます。

　そういうことを見ながら、人を見る目を養っていくんですけどね、それでも失敗しますよ。うちの若いのに馬鹿なのがいてね、見事にやられましたから。

　ある時ね、何回かいらしているお客様で、たくさんお買いになって、いざ支払いになったら、「あっ、財布を忘れた」って急に言われた。それまでは何回かきちんとキャッシュでいただいているし、高級車で乗りつけていらっしゃるから、安心して「お支払いは今日じゃなくても結構ですよ」って言ったら、それっきり現れない。二、三日してあわてて僕のところに飛んできたから、「その人の名前は？」と聞いたら、「あまりに大物ふうだったので、つい聞きそびれた」って。高級車でわざわざ店の前まで乗りつけるのが第一怪しいし、一度に大量の商品を買ったら、少しは変だと思わなけりゃ。

　女性にもやられたことがありますよ。見るからに派手な衣装を着てきてね、すごい買い物をして、ドロンした女が。「今日はいいわね。次回にまとめて払うわ」と言って、それっきりですから。そりゃあ、こっちが景気がいい時は、「損金扱い」でなんとかしますけど、景気の悪い時は本当に困りますよね。

いま話していながら申し訳ないんだけれど、この「商品を見る目」「お客様を見る目」だけは、いくら本を読んだって、ダメ。勉強して身につくものではない。いつもお客様と真剣勝負をしていないと、身につかないもんですよ。

ほら、昔の侍の話で、剣道の道場で「面!」とか「胴!」とかやっていても、実際の斬り合いは別だって言うでしょう。まさにあれと同じでね、いくら理屈ではわかっていても、経験を積まないとダメだっていうことですよ。まさに真剣勝負。言い方は悪いけれど、何人斬って、何人に斬られたか、そうやって、人を見る「目」は養われていくんです。

恋愛も同じ? わからないよ、したことないもん。

この世にはふた通りの金持ちがいる

たとえば、いかにもリッチな感じの小太りの女性のお客様が入ってこられたとしましょうか。小太りは余計か。

そんな方が入ってこられたら、あなたならどうします? 「いらっしゃいませ」は当然だ。僕なら、いつものように目が合った瞬間にニコッと笑いますね。そしてそばに寄って、「どうぞ、ご自由にごらんくださいませ」と言う。その瞬間、僕にはこの方の好みは何か、すぐにわかります。着ている物、持ち物、香水の匂い、そして会話と仕草、そうしたものを総合して、商品をおすすめするわけです。

僕は、同じお金持ちでも、ふた通りの方がいらっしゃることを知ってますから、それに合わせていろいろお話をさせていただきます。

そう、ふた通り。わかりやすく言ってしまえば、高くていい物をお買いになるお客様と安い物を数買う方。質か量かですね。

高くてもいい物を買うお客様は、もうすでに素晴らしいものをお持ちなんです。ですから、僕がおすすめするのは、今お持ちの物以上のクオリティがないといけません。そうした方の心の中は「これ以上の物があったら買ってもいい」ということですから、そこを中心にしてお話をすすめる。

また、逆に、量をお求めの方は、たとえば時計なら時計で、すでに二十個、三十個お持ちだとか、そういう方です。いや、意外に多いんだ、こういう人が。どちらも僕の大切なお客様です。そういう方には、まだ日本に入ってきたばかりの外国の新製品だとか、珍しいコレクションをおすすめする。数の中に入れてもらうわけです。

いまは、お客様の話にしましたが、実はね、これは商売のやり方でも同じなんです。たとえば、あなたが靴を売っているとする。安い靴をたくさん並べて売りました。商売がうまくいって、何年も儲かり続けました。さあ、問題はそれからです。儲かったお金で、さらに安い靴を大量に仕入れて売るか、それとも高価な靴を売ろうとするか。

これまでと同じように安い靴を仕入れて売ろうという人は、そこまで儲かれば、支店を出すでしょうね。いわば、底辺を広げるわけですね。

余談ですが、いま薄利多売の商売が隆盛をきわめていますが、多売はこれから先は大変にむずかしい時代になってくると思いますよ。一時、あちこちにあった百円ショップでも、お客様はもうどうでもいいものは買わないから、次々と消えていったでしょう。まあ、それはそれとして、底辺の拡大をすすめるやり方は、たしかにひとつの方法です。

僕だったら、どうするか。僕は同じ靴を仕入れるにも、一段階上の商売を考えますね。いいものへ、いいものへ、クオリティを追求します。そうすると、もちろん、前のお客様は来なくなってしまうかもしれない。でも、そのかわり、別のお客様がいらっしゃる。

わかりやすく言えば、一個五千円のものを千個売るのと、一個五万円のものを百個売るのと、計算上は同じなんですけど、明らかにお客様がちがうんですよ。もっと高くしたらどうなる？

一個十万円のものを五十個売ればいい。そうなると、商品のクオリティが高まるだけでなく、お求めになるお客様の質も高くなり、さらに、売る側の僕らの商人としての質も当然高くならなければいけない。まさに三位一体ですよ。

人間というものは、不思議な動物でね。美しいものを売っていれば、美しい人が集まってくるし、それなりの物を売っていれば、それなりの人がやってくるもんです。だから、逆に言えば、クオリティの高い物を売っていたら、自分も美しくなる。自分が商品やお客様によって磨かれるということです。

百円のものを百個売るには、店員だって数が必要だよ。ところが一万円一個なら、店だってそんなに大きくなくてもいいわけだし、主人がひとりいればいいし、社員もそんなにいらない。それよりなにより時間という大切なものが手に入る。お客さんとじっくり話したりする時間の方が大切なんだ。それによって、ただ売るだけでなく、自分が高まるんだから。しかも、その話は口から口へ伝わって、「あそこにおもしろい親父がいるぞ」ってことになるんですよ。そして、宣伝なんかしなくても、人が人を連れてくるというわけ。

儲かったら、商品の質もお客様も、そして自分も一段高く積み上げろってことです。

自分で一流と言ったらおしまいだ

売っている商品のクオリティが高まると、その店や主人に対して、よく「一流店だ」とか「一流の人だ」とか言いますよね。だけど、その店の主人が「うちの店は一流店です」とか「俺は一流だ」なんて言っちゃあいけない。愚の骨頂。

一流店だ、一流の人だっていうのは、他人が評価して言う言葉でしょう。特に「一流店」というのは、お客様がおっしゃってくださるんで、店側が「うちは東京の銀座でも一流店でございまして」なんて言ったらおしまいですよ。たとえ、そう思っても口に出してはいけない。態度に出してもいけない。一流店とお客様に思っていただけるようにいつも努力をしなければいけないんです。

ただし、僕は自分で一流の人物だとは思ってもいないし、いつも店もまだまだだと思っているけれど、商品は一流です。これは口に出して言える。当時はエルメス、グッチ、ロエベ、バカラ、パテック フィリップ……。そういう世界の一流品を扱っていると、当然、その価値をわかる人たちが店にやって来てくれました。

だから、自分が一流になりたかったら、一流の商品を売ること、一流のお客様とお付き合いをすることです。もっとも一流のお客様はご自分ではなにもおっしゃいません。大変に謙虚ですよ。でも、そうした人たちとじかにお話しさせていただいて、知識を得たり、勉強させてもらったりできるわけですから。

一流というのはね、たとえて言うならば、美しく尖った鉛筆のようなものだと思いますよ。よく見てごらんなさい。六角形の鉛筆全体の長さの中に、先がきれいに削られて、しかもその削り方はすごく洗練され、さらに先端は武器にもなるほど鋭い。

つまり、一流になりたかったら、店もその人間も、お客様の手によってきれいに削られなければいけないんです。一流には自分ではなれない。その削られた姿を見て、人が「ああ、あの店は一流だ」「あの人は一流だ」って言ってくれてはじめて一流になれるんだと思いますがね。

それと、こうした一流の人たちはね、また、育てるのが好きなんだ。「おい、あそこにおもしろいヤツがいるぞ。ひとつ、みんなで育ててやろうか」なんて、いろいろ教えてくれる。僕なんか、そういう意味では、いままで一流の人に囲まれて、悪い言葉で言えば、よってたかって育てられた感じがしますよ。いまは、そういう人たちがいなくなった。ということは、一流の人も少なくなったということでしょうかね。一流の人が少なくなれば、一流の店も商人も育たないわけだから、残念ですね。

商売は単なる物の売り買いだけじゃないんだから、おもしろいもんですよ。

お客様は、人につくか、ブランドにつくか

お客様の話の続きで言うとね、何十年と僕の店を贔屓《ひいき》にしてくださっているお得意様は、だいたいふた通りに分けられます。

ひとつのタイプはお店、あるいは主人である僕についてくださっているお客様。もうひとつのタイプは、うちの販売員についてくださっているお得意様。ほんと、長いお付き合いをしていただいて感謝しています。涙が出そうだよ。歳取ると、涙もろくなってね。「日暮れになると涙が出るのよ」なんて歌があったけどな。

ええ、昔は、だいたいそうだったんです。お客様がいらっしゃるお店はだいたい決まっていた。そこで、店の主人と気軽に話したり、懇意の店員に商品をすすめられたり。だから、お客様は店につくか、店の人間につくかのふた通りだったんです。

ところが、最近、もうひとつのパターンが流行りだした。それは、「お店でもなく、店員でもない、ブランドにつく」というお客様です。

そう、「ブランドにつく」。これはどういうことを意味しているかと言えば、お客様の「目」がブランドだけに向けられていて、どんな店でも、どんな主人でもいいということなのです。そのブランドの商品さえ売っていれば、もうどこでも誰でもかまわない。そういうお客様が増えている。昔はそうじゃなかった。店が、主人がブランドだったたんですよ。

お客様の立場から見れば、「あそこに、いい店があるから行こう」とか、「店員が親切だから買いに行こう」「かわいい子が売り場にいるから、あの子にネクタイを選んでもらおう」だったのが、時代が変わって、店とか店員は関係ない。ブランド品をできたら安く売っていればいいというふうになってきてしまったというわけです。

しかも、エルメスやグッチなどの日本店が次々と上陸してきてしまってからは、ますますブランド志向が高まって、店の主人がいようといまいと、店員がブスッとしていようと笑顔でお客様を迎えようと、ブランド品さえあればそれでいいという時代になってきてしまいました。御殿場や軽井沢のアウトレットなんかその典型でしょうね。

僕はね、実は最近、そういう風潮に、お客様ご自身も多少「つまらないな」と思っていらっしゃるんじゃないかと思うんですよ。昔は、お客様が見えたら、社員が総出でお迎えしたし、地方のお客様もお土産なんか持ってこられてね、「これ珍しいものだから、おやつにして」なんてよくくださったもんですよ。お店の方も、そういう方には東京のお菓子を帰りにお渡ししたりしてました。

こうなると、物の売り買いじゃないですね。心と心の問題。情の触れあいです。そうした「買い物の楽しさ」をまた、人は求め出したんじゃないか、と思うんですよ。お客様はね、やはり、ベストを追求しているんです。商品のベスト、値段のベストはもちろんだけど、もうひとつ、サービスのベストも欲しいんです。

いまの売り場の若い人たちに、「これ、もう少し安くならない」って聞いてみてください。どう答えると思いますか。「それはできません」と言われたら、「どうして?」と尋ねてみて。きっと困った顔をするか、主任を呼ぶかどちらかでしょう。

お客様は価格のベストを追求しているのだから、当然、ほんのちょっとでも安くしてほしいわけです。あと少し安かったら黙って買うつもりかもしれない。店だって、買ってほしいでしょう。そこで、商いがはじまるのです。それを簡単に「ああ、うちは一銭も負けません」と言ってしまうことは、お客様に恥をかかせることだということを、まず考えなければいけない。しかし、負けられない。

こういう時、常にお客様の立場を考えながら、

「実は、このブランドは販売価格が向こうから設定されていて、お安くできないんです。ここで安くしたということを本社に通報されますと、取引が停止になってしまうんです。大変申し訳ありません」

と言えば、たいがいの方が「それじゃしょうがないわね」と納得してくださるもんです。そ

の上で、

「今度、フェアがありますので、ほかの商品でもよろしければお安くお求めいただけますので、ぜひいらしてください」

とセールの招待券でも差し上げれば、きっとお客様も満足されるんではないかと思うんです。この駆け引き、これが商いなんです。買う方の楽しみがあるのと同じように、売る方にも楽しみがあるのです。

「うちはそういうことをしていません」と言って、お客様に「なんて冷たい、ぶっきらぼうな店なんだろう」と思われるのに比べたら、雲泥の差ですよね。

こんなところで、どうだろう。

ちょっと、目黒さん、お茶、差し替えて。一気にしゃべったから喉がおかしくなっちゃった。ああ、ありがと。

さて、次の質問は何ですか？

どうしたら失敗するか、考える

「明らかにこうやったらダメだろうという不成功の秘訣は何ですか」か。

変な質問だなあ。だって、「俺は失敗しよう」なんて誰も思ってないんだよね。ということは、不成功に秘訣なんかないっていうことだ。

そのかわり、どう努力しようが、経営者のせいで、それまでの成功を無にするどころか、失敗にまで導いてしまうことはある。質問に対する答えになっているかどうかは別にして、こんな話ならできますよ。

たとえば、あるお店があって、その店が実際に扱っている商品も素晴らしいし、経営者が商売哲学も持ち合わせている。しかし、そうした、せっかく成功する要素を十分に持ちながら、失敗してしまう経営者がよくいる。そんな店がなぜ、失敗するのかわかる？　わからないですか。じゃあ、その話をしましょうか。

失敗する要因はふたつあるんですね。外部要因と内部要因。

外部要因というのは、時代の流れ。たとえば、経営者が流行の変化に追いつけなかったり、先が読めなかったために、いつの間にか商売がおかしくなるケース。特に、僕の商売のようなファッション・ビジネスは、流行という名の流れに乗ってビジネスを展開させているわけですから、その流れに乗り遅れたりすれば、当然失敗してしまいます。

このところの不況は、すべてバブルの崩壊が原因とされているけれど、さらに掘り下げてみると、結局のところ、経営者に先を見る目がなかったということでしょう。バブル景気がいつまでも続くと信じていた、つまり、経営者の気のゆるみというか、油断が失敗を招いたわけです。

ブランド・ビジネスで言えば、ある時期まで、海外のブランドと販売契約ができれば、かなりの成功を収めることができた。だが、やがて総代理店が日本にも生まれ、並行輸入が盛んになり、そして、現在のように、世界中のブランドがダイレクトに進出してきて日本支社を作った。経営者の誰もが、いつかはそういう時代が来るとは思っていたけれど、まさか、こんなに早く、黒船がやって来るとは思ってもみなかった。

これは、バブル崩壊によって、土地の値段が下落し、そこに外国資本がなだれ込んできたためです。ヨーロッパの各ブランドは、今の日本なら直接乗り込めると思ったにちがいない。まるで、堤防が決壊したかのように、一斉に東京に進出してきた。さすがの僕も、まさか、ここまで早くこうなるとは思わなかった。これなんか、バブル崩壊のあとの、まさに外部要因による失敗の典型例です。

逆に、内部要因というのは、社内におけるマンネリ化です。

たとえば、日本の店には昔から徒弟制度があり、年功序列が当たり前だった。だから、各店には大番頭と呼ばれる人たちがいて、主人の補佐をしていた。ところが、時代が大きく変わると、店の主人や大番頭の考えも古くなって、お客様についていけなくなってしまった。しかし、主人は自分の店のために長年働いてきてくれた大番頭を切れない。その結果、昔の古い経営感覚のまま商売を続け、ついにはお客様の好みの変化についていけず、失敗してしまうケースも相次ぎました。

いまや、もう、僕たちは年功序列なんて言っていられない。実力主義で、どんどん仕事のできる若手を登用しなければ生き残れない時代になってきているのです。それなのに、かたくなに年功序列にこだわれば、そこには競争は生まれませんから、いつの間にかマンネリ化が進んでしまうのです。

「あと五年いれば、役員になれる」「月末になれば月給が入ってくる」「ボーナスが待ち遠しい」などと思って仕事をしている社員がひとりでもいたら、それだけで、失敗の内部要因が見え隠れしていると言っていいでしょう。

さらに、ファミリー企業で言えば、ファミリー内での内部分裂、主導権争いなどが経営そっちのけで起こった日には、企業の崩壊が近いというわけです。

だから、経営者はふだんから若手を登用するなり、実力主義にするなり、外部の人材を入れるなりして、どんどん内部を革新していかなければなりません。逆に言えば、いつまでも会社のシステムを変えずに、旧態依然のままにしておけば、残念ながら、やがてその経営者は失敗するということです。

「小僧の神様」八十歳の店員、後藤徳右衛門

しかし、そうはいっても、江戸っ子商人の僕としては、商売の半分は「情」だと思っているわけですから、簡単に構造改革を推し進めることはできません。ここが江戸っ子の苦しいところなんだな。だから、いろいろ考えて、なんとか年功序列とか終身雇用のいい部分を生かした

経営をしたいと思ってここまでやってはきたんです。

そうした中で、僕はあるひとりの高齢者を採用したことがあります。そして、その人は定年を終えた六十歳からなんと八十歳まで、うちの店の店員として働いてくれました。

その人はね、後藤徳右衛門さんといって、中学を卒業してから定年まで三越の売り場でずっと働いていた人なんです。まさに小僧、丁稚の頃から三越一筋なんだ。僕は前々からこの人の働きぶりを見ていたんで、定年になったらぜひうちに来て、みんなの手本になってもらおうと思っていたんですよ。

たまたま栗林さんというお得意様に紹介され、定年前に話がまとまって、「じゃあ、後藤さん、定年になって二、三ヵ月休んだら、うちに来てくださいね」ということになった。ところが、なんとこの人、七月三十一日に三越を定年になって辞めた翌日の八月一日から、もう、うちに来ましたよ。それだけでも、この人がどういう人かわかるでしょう。

ええ、本当に素晴らしい人だった。たとえば、僕が「後藤さん、ちょっと悪いんだけどさ、目薬を買ってきて」と言うとね、さっそく買いに行ってくれるんだけど、どこに買いに行くと思う？　三越だよ。近くに薬屋はあるんだよ。だけど、目薬ひとつでも、昔、世話になった三越で買う。これが商人だよね。「小僧の神様」だ。また、そんな人が何十年も勤めた三越もさすがですよ。いい会社だからこそ、そういう人が育つし、長くいられるんだ。

また、こんなこともあった。

ある時ね、「今日はちょっと出かけてきます」と言って出たきり、戻ってこない。それで、翌日、「後藤さんは？」と聞くと、「また出かけました」。その翌日も同じ。うちの社員に聞いても、「さあ……」だ。いかにも「社長が採用した人のことなんか知りませんよ」って感じなんだ。

それで、後藤さんを呼んで聞いてみた。

「後藤さん、あんた毎日、何処《どこ》に行ってたんだ」

「いや、〇〇さんのお宅です。どうしても買っていただきたいものがございましたので……」

「そんなに毎日、行かなくてもいいだろう」と言うと、首を振ってこう言うんです。

「いいえ、たとえお留守でも、三回、四回と伺えば、必ずお客様は『すまないな』とお思いになるんです。きっと、お電話がかかって参ります」

って。

その時、ああ、僕と同じだなって思った。そしたら、本当に電話がかかってきたんです。さすが、中学を出てからずっと三越で働いていただけのことはある。お客様の心理をよく摑んでいるんだ。まさに、達人でしたよ。それからは、僕の先生だ。

それからしばらくして、三越本店の店長が、朝礼で社員全員の前でこう言ったそうですよ。「サン　モトヤマの社長が、うちから行った後藤徳右衛門を『あんな立派な商人はいない。だから三越はつぶれないんだ』と言ったそうだ。定年でやむを得ず辞めていただいたが、どこに出ても三越で育ったという誇りを持って、皆さんもがんばってください」

と。ね、いい話でしょ。

結局、後藤さんには八十で退職していただいたが、おかげさまで僕もずいぶん勉強になりました。

亀の甲より年の功だな、まったく。年寄りってのは、いいもんだね。

今は、柳の下に「どじょう」はいない

それにしても、時の流れは速い。困ったもんだ。会社の運営や商店の経営だって、旧態依然、これまで通りだったら、完璧に時代の波にあっという間に飲み込まれ、押し流されて、気がついたら二進《にっち》も三進《さっち》もいかない状況に追いやられてしまう。これが現代というものでしょう。もう昔のような八百屋さんや魚屋さん、乾物屋さんやパン屋さんでは、町のスーパー一軒に負けてしまう世の中なんです。

だから、僕のような江戸っ子の経営者には、やらなければならないことがいっぱいある。外のこと、中のこと、もちろん商品のよさは残しておかなければいけないけれど、時代の波に流されないように、経営を革新しなければいけないことは山ほどあるんです。それも、何年に一回どころじゃない、常にやってないとたちゆかない。大変なんだ。

それに比べて、昔はのんきなもんだった。商売で言えば、川のほとりに柳があって、その下

で誰かが「どじょう」をすくう。それを見た人が、「なるほど、あそこにあんな商売があるのか」と二匹目の「どじょう」を狙っても十分商売ができたし、うまくやれば三匹目だっておいしい商売になった。むしろ、二匹目三匹目の方がおいしかったりしてね。

ところが、今はもうそうじゃない。第一、そんなノロマな「どじょう」なんていやしない。どんどん逃げていってしまう。だから、今は、人と同じようなことをいつまでもしていたらダメだっていうこと。いつも新しい魚を探さなければいけない世の中だと思わないと失敗しますね。人の真似をしていたら、確実に時代に置いていかれてしまうということも若い人は知っておいた方がいい。

それに、一匹目の「どじょう」をうまく手に入れたとしても安心できない。「これはうまいんだ」と言って食べ過ぎたり、いつまでもそればかり食っていると、これもダメ。つまり、商売も、「やり過ぎ」「のり過ぎ」「マンネリ」は、失敗するということも頭に入れておいた方がいい。

新商売をはじめて、それがうまく軌道に乗ったとしても、「これでいい！」と思った時には腹八分目にしておけ、ということです。百パーセントで勝負するなってこと。残りの二分が次の生きる道になるから。常に、次を狙う。そのための余力が経営者には必要だってことです。

紅葉だって桜だって、最高に美しい姿を見せたあとは散るだけでしょう。今の時代は、そんな時代なんです。大成功の直後から衰退、凋落《ちょうらく》がはじまるんです。お月様だって満ちれば欠けるんです。

逆に言えば、商売に失敗したいんだったら、わき目もふらずにどんどん注ぎ込んでいけってこと。

のめり込んでいけばいくほど、深みにはまる。女遊びと同じだ。よく知らないけどね。

最新の情報は自分の五感で手に入れる

常に経営を刷新していかなければならないとしたら、必要なのは「情報」です。

じゃあ、僕がどうやって情報を収集し、分析し処理しているか、特別に教えてあげようか。

これも、商人にとっては大切なことですよ。

まず、情報はどこから手に入れるか。

新聞？　本や新聞から情報を得るなんてのは、子供だってできる。まあ、僕から言わせれば、本や新聞なんかに書かれている情報なんか、お茶で言えば、二番煎じどころか、出がらしの情報だ。そんなもの信じて、商売ができるわけがない。かといって、まったく情報がないままに商売をするのは危険すぎる。じゃあ、どうしたらいいか。

情報を得るための、僕らの仕事で一番大事なのは、自分の五感。そう、僕らの体を使って、情報を得る。これが一番正確で、しかも誰よりも早く自分だけの情報が得られる。もう少し具体的に話そうか？

まず、「見る」こと。商品の色、デザイン、形、流れ。次に「聞く」こと。この商品がほかとどこがどうちがうか。どんなバックグラウンドがあって作られたのか。いわば商品知識だな。それから「手で触る」こと。触感。これだよ、これが大切。本や新聞では、情報があっても実際に触れてないんだ。それから「味わう」こと。さらには「嗅ぐ」こと。「来たり見たり勝てり」という有名な言葉があるでしょう。そう、シーザー。仕事というのはね、まず「その場に行って見る」ことからはじまるんだ。商品もそうだけど、人を「見る」ことも大事だね。

人を見て、「これは将来、重要な取引先になるな」と思ったら、絶対に取引先の社長と顔を合わせて、握手をしないと。お互いの顔が見えない商売は、信用できないから。だから、パソコンのメールなんかで仕事をするなんて、愚の骨頂だ。よくわからないけど、メールっていうのは、文字だけだろ。顔も見えなければ、声も聞けない。第一、そんな相手を人は信用しないよ。

それと同じでね、よく百聞は一見に如かずって言うけどね、僕に言わせれば、百見も一触に如かずだな。

「触《さわ》る」ことが、僕の仕事で一番大事なことかもしれない。「触《ふ》れる」という言い方もできるね。もちろん、商品そのものに触れて、手触りを確かめることも重要だけど、時代の息吹に触れることが商売をする上で、一番大切なんだ。時代はいま、どう流れているのか、この先はどうなるのか、その一瞬の息吹を肌で感じることができれば、必ず商売はうまくいく。だから、本や新聞では手に入らない真の情報が自然と入ってくるし、自分で得た情報だから、確信も持てるんです。その意味でも、旅行することが大切ですよ。

僕の場合、最初に兵隊で行った中国の天津の旧租界の店を見た時のあの驚きと感動ったらなかったもの。ショーウインドウに飾られた洋服やハンドバッグなどの商品、その時に見たカラー映画の『風と共に去りぬ』の感激はいまだに忘れられないもの。だって、それまで日本の映画は白黒だったんだから。「へえ、総天然色なんだ」って、あの時ほど驚いたことはなかったね。「よし、戦争が終わったら、外国の商品を日本で売ってやろう」と思ったもんな。これなど、まさに、自分がその場にいて、自分の五感から得た情報でしょう。

今の人は、情報はインターネットから取るものだと思い過ぎていやしませんか。インターネットじゃ、触《さわ》れないでしょう。息吹を感じ取ることができないでしょう。もっと人間の持っている本能というか、能力を信じないといけない時代になってきてるんじゃないですか。ましてや、情報の持つクオリティなんかインターネットじゃわからない。

そう、感触。それですよ。情報の感触を五感で味わうこと。これが大事なんです。

だから、僕は情報は得るものではなく、自分で作るものだと思うんです。情報をインターネットで見ただけ、人から聞いただけでは、商売のなんの役にも立たない。自分の五感で得た情報を整理し、分析し、自分で結論を出さなけりゃ。

たとえば、僕の商品選びにしても、「景気がよくなると、明るい色が流行する。来年はむしろ派手な色使いが好まれる。エトロが売れ出すな」とか、「カシミアの感触には慣れてきた人が多いから、次は最高級のパシュミナはどうだろう」とか、すぐにカンが働く。

これは、誰の情報でもない、まさに自分だけの情報。

特に、僕は別にこれ以上、店を大きくしようとは思ってもいないし、小さくても自ら光を放つ店にしたいからこそ、人よりいち早く情報を持ちたい。しかも、その情報は、自分で作り出さないとね。

手近なところにメモを置け

ちょっとヒントをあげるとね、自らの情報を作り出すために、僕が取ってる方法は、常に五感でアンテナを張ってること。だから、寝ていたって、僕には情報が入り込んでくる。そうだね、体は休んでいるかもしれないけど、神経は起きてるのかもしれない。

それが、アメリカ空軍のレーダーじゃないけれど、なにか仕事のヒントになるものを決して見逃さないための方法だ。どんなものでもいいから、まず自分のレーダーに引っかかったものを集めておく。でも、人間ってヤツは、せっかくアンテナに引っかかった情報でも、時間がたつとつい忘れちゃう。よく、朝起きて、「何だっけかな、いいアイデアがあったんだけど……」なんていうことがあるでしょ。

だから僕は今でも、毎日必ず枕もとには、メモ用紙と鉛筆が置いてあって、夜中にいいアイデア、つまり自分で情報を作り出すための材料だ、そういうものが夜中にポッと浮かんだら、起きてすぐにメモしている。そうすれば、頭の中は空っぽ、気分的にもまたぐっすり眠れる気がするんだ。

昨夜なんか、夜中に二ページも書いた。ほら、見てごらん。汚い字？　いいんだよ、自分だけ読めれば。このメモ用紙は、終戦で復員してから六十年、ずっと使っている。当時、毎日新聞社が近くにあったから、「悪いけど、原稿用紙ください」って言って秘書課から貰ってきて以来だから、使い慣れているしね。最近では新聞社がこの原稿用紙を使わないから、自分で注文して作ってもらってるよ。

夜中のアイデアばかりじゃないよ。今日、自分がやらなければならないことから、思いついたことまで。このメモ用紙は予定表兼アイデアノートだな。常に机の上にもポケットの中にも持っていて、すぐ書きとめる。書いたことはやる。やったらそのメモは捨てる。

こうやって、頭の中にいっぱい詰まっているものを常に吐き出していると、今度はすぐにまた、次が考えられる。この繰り返しだね。そうやっているうちに、自分だけの情報が自然にできあがるというわけです。

仕事は自分で創るもの

終戦直後、この商売をはじめた頃、よく店にいらして、僕をかわいがってくださった電通の社長の吉田さんに「鬼十則」という電通全社員に向けた訓示がある。これは、当時の僕も最初見た時、寒気がしたほどで、その後、仕事をする上の素晴らしい教訓になった。ちょっと書き写しておいてごらん。勉強になるから。

電通「鬼十則」

一、仕事は自ら「創る」べきで、与えられるべきでない。
一、仕事とは、先手先手と「働き掛け」て行くことで、受身でやるものではない。
一、「大きな仕事」と取り組め、小さな仕事は己れを小さくする。
一、「難しい仕事」を狙え、そしてこれを成し遂げる所に進歩がある。
一、取り組んだら「放すな」、殺されても放すな、目的完遂までは。
一、周囲を「引きずり回せ」、引きずるのと引きずられるのとでは、永い間に天地のひらきができる。
一、「計画」を持て、長期の計画を持っていれば、忍耐と工夫と、そして正しい努力と希望が生まれる。
一、「自信」を持て、自信がないから君の仕事には、迫力も粘りも、そして厚味すらがない。
一、頭は常に「全回転」、八方に気を配って一分の隙もあってはならぬ。サービスとはそのようなものだ。

一、「摩擦を怖れるな」、摩擦は進歩の母、積極の肥料だ、でないと君は卑屈未練になる。

僕はこの「鬼十則」の特に第一則が大好きだね。仕事は自ら「創る」べきで、与えられるべきでない。情報を自分で創れと言ったけど、仕事も同じ。

上司からやれと言われて、ただそれだけをやってるんでは、それは「仕事」とは言わないもの。月給貰っているんだから、そんなことは当たり前だ。そのくせ、そういうヤツにかぎって、「給料が少ない」だの蜂の頭だの、へったくれだの文句ばかり言いやがる。給料が少ないと思ったら、自ら「仕事」を創るべきなんだ。

そんなことを言えば、決まって、「じゃあ、どうやって仕事を創り出せばいいんですか」と聞いてきやがる。なにを寝ぼけたことを言ってるんだと思うけど、放っておけば、なにもしなくなるから、ていねいに教えてるけどね。

どうしたら自分だけの「仕事」を創り出せるか。それが自分で「情報」を創るということなんだよ。だから、まず動くこと。パソコンの前にばかり座っていないで、まず、五感を働かせて、自分だけの「情報」を創りなさいよ。映画を見るのもいいし、音楽を聞くのもいい。もちろん勤務中はまずいけど、それでもパソコンをいじっているだけよりは何倍もいいに決まってる。

外に出れば時代の、お客様に接すれば消費者の、それぞれのニーズがわかってくる。そこから、自分の仕事がはじまると思っているんですけどねえ。松下幸之助さん、本田宗一郎さん。最初は一介の電気屋だったり、オートバイ屋さんでしょ。そういう人たちがあそこまで世界的になったのは、自らの手でそうしたニーズを感じ、自分のやるべき「仕事」を創り出したからでしょう。

でもね、こういう話を若いヤツらにすると、ダメなんだ。「俺にはできない」って、一斉に下を向いちゃうからな。給料取りに慣れちゃってるんだ。ということは、逆に言えば、やる気があるヤツは今がチャンスだ。

みんながやらないんだから、先にやった方が勝ちってこともあるからね。

いいものは高くてもいい

ちょっと話が長くなった。さて、次の質問に移ろうか。え、何だっけ。あっ、そうか、価格設定の問題ね。「自分の店で売る商品の価格はどうやって決めたらいいか」ですか。

じゃあ、ひとつ聞くけど、商売をやる場合に、自分の店で売る商品の価格は高いよりも安い方がいいと思っていないかい？　ね、そうだろ。実際、「安ければ売れる」と思っている人がわりと多いんですよ。

日本の諺に「安物買いの銭失い」というのがあるよね。値段が安いものは、すぐに飽きてし

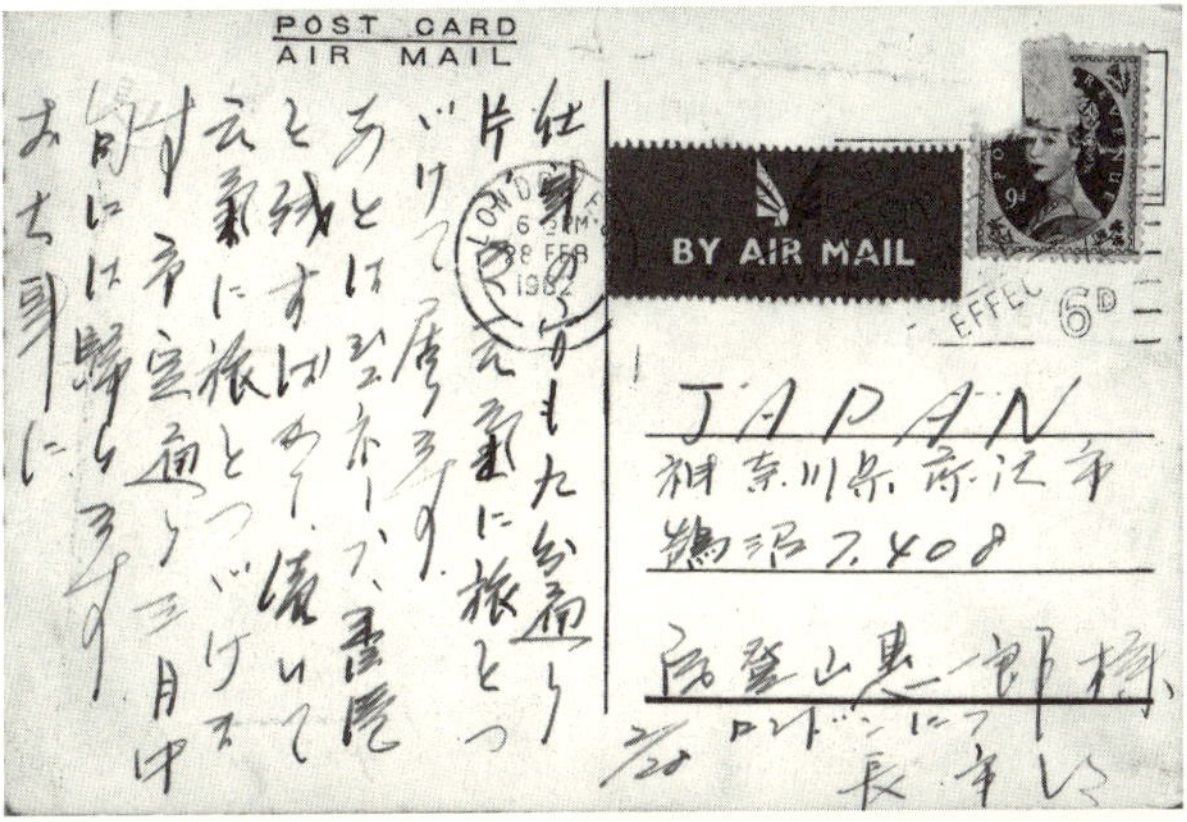

僕はヨーロッパを旅すると、必ず現地から旅便りをお客様にお送りした。1回につき100枚から200枚。絵葉書のこともあるけど、前回に撮影したスナップ写真を葉書に仕立てておいて、それを現地に持っていって投函することもしばしばだった。先方の住所は前もって東京で書いておいて、文面は現地で夜、毎日10枚ぐらいずつは必ず書いていました。これは1982年にロンドンから出した葉書の裏と表。

まったり、壊れてしまったりしやすいから、そういうものばかり買っていると、結局は損をしてしまうよ、ということを言っているんだろうけど、これは実は、商人にも同じことが言えるんです。商売人の中に「安物売りの銭失い」が多いんだよ。

つまり、簡単に言ってしまえば、価格の問題を論じる前に、まず商人として大事なことは、安いものを売るか、高いものを売るか、ということなんです。それを考えてから、価格設定の問題になるわけ。

いいですか、商売をはじめる時の基本は、安いものを売るか、高いものを売るか。言っておきますけど、安いものは高く売れませんよ。売ったところですぐにボロが出ますからね。「あの店はこんなものを高く売りつけやがって……」ということになる。逆に、高いものを安く売ったら、お客様は喜びますけど、それはかりだと、経営が成り立たない。そんな時、何を基準にしたら上手な価格設定ができるか。そこで問題になるのが、商品の品質なんです。

それは、「いい品質のものは高い」「高価格のものは、品質がいい」ということをお客様にわかっていただくことだと僕は思って、ここまでやってきました。そうだよ、いいもの、美しいもの、クオリティが高いもの、センスがいいものは高いんだ。そう僕は心に決めているから、高い価格を設定することを決して怖れない。高くたって、物がよければ、絶対に売れるんだから。簡単な理屈だけど、僕にとっては信念に近い。

本当の贅沢をわかっている人は、値段のことなどあまり言いませんからね。いいお客様を見ていると、すぐにわかるんですよ。黙って、スーッと選ぶ。正札だって先に見ませんからね。越路吹雪さんが、よく岩谷時子さんと一緒に買い物をしてくださいましたけど、「これ、岩谷さんのために買っておいたわ、安いと思ったし」「安くないじゃない」「安いわよ、一万円だもの」「十万円よ」「あらあら」なんてことがよくありました。一万円も十万円も関係ない。いいものだから買う。僕はおかげさまで、贅沢を知っていらっしゃるそういうお客様に囲まれてここまできたんです。

それに、本当の贅の極致に至った人は、いいものをひとつ持ったら、もうそれで十分。「くれる」と言われても「いらない」。逆に言えば、ほかにはなにも欲しくないと思うようなものを買うのですから、その商品は高くたっていいわけです。

さて、いよいよ値段のつけ方だ。これは楽しいよ。だって、うちのお客様は最初から正札を見ない人が多いんだから。それでも価格を設定しなければいけない、そこが実に楽しいんだな。

ここに、ある高品質のブランド品があるとしようか。仕入れ値が十万円だとしたら、あなただったらいくらの価格にして売る？　まあ、ブランドにもよるだろうけど、常識的に言えば、二十万から二十五万の間でしょうね。まあ、二倍か三倍。だから、普通の店では、仕入れ値を基準に同じ率で利益を組み込んでいる。特に直輸入の物に関しては。

僕のやり方はちがう。十万円で仕入れたものを二十五万円と正札をつけた場合、「これは二十五でいい」「これは二十五では高い」「これは二十だ」「十八だ」とカンでひとつひとつ正札をつけ直す。だからモノによっては、十万円で仕入れたものを二十万円で売ることもあれば、二十万で仕入れた物を三十万で売ることもあるわけ。

コストは安いけれども、こっちの方が高く売れると思ったら、コストの安い方を高く売って、コストの高くかかった方を安く売る。この辺が本当の商人なんだよ。だから、同じ五、六千円で仕入れたネクタイでも、「これはおもしろいデザインだ」「質もいい」となれば一万二千円、これは「お客様へのサービス」だから八千円とつけることもある。

ところが、今のブランド品はそうじゃない。自由に値札をつけられない。全国共通。なんとかジャパンなんか、儲け率も売値も決められていて、全部同じ率で掛けている。それじゃあ、誰だってできるよね。馬鹿だって売れる。物なんか見てやしないんだから。物の良し悪しも見ずに、ただ何倍という一定の掛け率で、価格をつけてる。

やっぱり、価格は物次第でしょう。魚河岸に行ってごらん。魚だって、生きのいい魚とそうでない魚があるんだから、値段が同じってことはないよ。そこに、お客様のことを考え、売る時期を考える商人《あきんど》の「知恵」や「技」と「売る楽しさ」があったんですけどね。その上に、買う方にも楽しさが加わるから、商いは飽きない、と言われてきたのにね。

いつの間にか、世の中から、商人《あきんど》と言われる人たちがいなくなっちゃったよ。みんな計算ばかり得意なビジネスマンになってしまった。僕は最後まで江戸っ子商人でいたいけど、現状を考えると、もうやめたいくらいだよ。つまらねえ世の中だもの。

でも、こんなことがいつまでも続かないと思いますよ。お客様だって、いずれは気がつくよ。どこで買っても、誰から買ってもすべて同じじゃ、ショッピングの楽しみが味わえないもの。だって、あるブランド商品を売ってる店が、東京だけでも十五店舗も二十店舗もあって、それが、どこで買っても同じじゃね。

なんとか、もう一度、商人が見直される時代が来るまで、生きていたいもんだね。

アウトレットの仕組みをお話ししましょう

それにしても、今の日本はブランド品の洪水。有名ブランドを売っている店が日本中にいくつあると思う? 三百? とんでもない。最低でも千はありますよ。こんな狭い国なのに、ブランド商品を扱っている店が、こんなに多くある国なんか、世界中見たことありゃしないよ。

ニューヨークやロンドンのようなどんな大きな都市だってね、ひとつのブランドの販売店は三ヵ所か四ヵ所でしょう。それがブランドひとつにつき、東京だけで十五から二十店舗あったりするんだから。そうだよ、まず一流デパートの中には必ずあるし、ホテルにもあるし、銀座にあって、原宿や表参道にもあればもうそれだけで二十にはなってしまう。

それでも、その店に陳列した商品が常に全部売れればいいよ。

昔はね、売ってる店が限られていたから、全商品の七割から八割は売れたもんです。ところが今は、店の数が多いこともあって、うっかりすると半分ぐらいしか売れないこともある。そうすると、また新しい商品を入れなければならないから、在庫の商品の取り扱いに困る。前の季節商品だから、その店で急に安く売るわけにもいかないよ。だって、それじゃ、次の物が売れないもの。かといって、本国には返せないし、燃やすわけにもいかないし、実はどこでも売れ残りのブランド商品の持っていき場に困っているわけ。

そこで生まれたのが、ファクトリー・アウトレット。

残ったものを全然別のところに持っていって、そこで店のお客様以外の人たちに売ろうというわけ。なんでもいいから「私、〇〇を持ってる」「私も持ってる」と言いたい人たちのための店を作ったんです。

ですから、銀座に買いに来てくださるお客様たちがちょくちょくは行けないような場所、かといって、あんまり都市部から離れても誰も行かなくなるから、沖縄や金沢八景とか、御殿場とか、軽井沢、佐野に、りんくうにも作った。大都市で買えないお客様たちが、旅行も兼ねたりして、車で買いに行く。

まあ、それはそれでいいんだけど、よく考えてみると、あれだけファクトリー・アウトレットができたということは、店が多すぎるからじゃないか。品物が余って余ってしょうがないんだ。これって、僕から言わせれば、タコが自分の足を食っているように見えるけどねえ。まあいいや。

だって、まず日本全国に出店したブランドショップの売上が落ちてしまったので、ファクトリー・アウトレットを作るだろ。そうすると、在庫がさばけるわけだから、全体の売上率は上がる。ところが、ファクトリー・アウトレットは安く売るから、儲けは少なくなる。アウトレットに人が集まれば集まるほど、当然、直営店のお客様は減っていく。やっぱりアウトレットの方が安いから、これからますます人はどうしてもそっちに流れる。

ということは、全体の儲けはどんどん少なくなるってことだ。店には商品だけが次々と本社から送り込まれ、商品が残っていく。また、新しい場所にアウトレットを作る。この繰り返しでしょうね、これからは。

そして、そのあと、たぶん、店舗を整理する時代がやって来ると思いますがね。

支店は増やすな、本丸を固めろ

いま、どの商売でも欠けていることがひとつある。それは、「責任」。

なにかあった時に誰が責任を取るのか。銀行や企業の不祥事も、結局、誰も責任を取らないまま、うやむやになってしまうことが多いんです。これは、僕らの業界も同じです。なにか問題が生じた時に、責任の所在がはっきりしない。

昔は、店主が店の暖簾でしたから、お客様とじかに会って、裁量したものです。店で売っている商品に対して、店員に対して、店の暖簾に対して、主人がすべて責任を持っていましたよ。

それが当たり前だったんです。だから、お客様は安心してその店に買いに来てくれたんです。そこで、ご贔屓のお客様が生まれた。

ところが、今はそうじゃない。流通形態が変わってきたこともあって、親父（店主）もいなければ大番頭、小番頭もいない。店長だか蜂の頭だか知らないけど、店ほっぽってゴルフしたりね。全然、店にいないんだから、困ったもんだ。

だから、うちの社員を含めた若い人たちに言っておきたいことは、これからは本店を固めろということだ。大きくなったら、やたら支店を出すのではなく、本店をより堅固にしろっていうこと。戦国時代で言えば、本丸だよ。天守閣がなかったらまずそれを作る。石垣を積む。堀を作る。樹木の年輪のように、根をしっかりと張って本体を太くしていけばいい。

たしかに支店を作れば、儲かる時は儲かりますよ。しかし、いったんおかしくなると、どこかの大手スーパーのように土台から崩れ落ちてしまう。それが商売というものなんだ。僕も実は過去に痛い目にあっている。

人間の欲望ってヤツはキリがなくてね、まさに青天井。だから、欲に目がくらんで力もないのに無理すると、ろくなことが待ってない。「我ただ足るを知る」という気持ちもどこかで持っていないとね。「俺はこの店で十分だ」と思いながら、少しずつ年輪を増やしていく。

これからは、時代の流れが速いから、余計に足元を固めておかないと、商売はやっていけないかもしれない。足元すくわれたら、全部が崩れちゃうからね。

クレーム処理の基本

いま、足元を固めておけって言いましたけどね、足元をすくわれたら、どんな大きな企業でも、あっという間に傾いてしまうよ。

たとえば、「もう、あの店、絶対行かない方がいいわよ」という口コミ。これが僕ら商店からみると、一番怖い。「あの店はダメよ」なんて誰かが言うと、聞いた人がまた誰かに話す。特に悪い噂は、早いですからね。どんどん広まっていく。それに比べていい話は広がらねえなあ。

そうした悪い噂は、だいたいクレームの処理で手間取った時に起こるもんです。

買った洋服の中に針が入っていて、指を怪我したとかね。そんな馬鹿なことはないだろうと思って、「そんなことは信じられません」とか「あなたがわざと針を入れたんじゃありませんか」なんて言おうものなら大変だ。「態度が悪い」だの「社長を出せ」だの、余計に問題がこじれちゃう。あげくの果てには、「あの店は欠陥商品を売っている」だのという悪い噂がどんどん広まってしまう。商いをやる上で一番大切なのは「信用」だからね。

だから、クレームの処理をどうするか、そこが問題なんですよ。

クレーム処理の基本は、どんなクレームでも、「この人は何を言っているんだろう」と思っても、こちらからは絶対に理屈を言ったらダメ。言い訳もダメだ。もうクレームには一切、

「ご無理ごもっとも」。とにかく、商いを営んでいる以上、お客様はすべて神様なんですから。わずか一万円の商品に関する処理を間違えたら、一千万円の損害にふくらむかもしれない。

それから、もうひとつ大事なことは、すぐに行動に移すこと。クレームが来たら、もうその日に動く。ご本人にとにかく会って事情を聞き、謝る。それから、すぐ、その後の対応を検討するのがいい。よく、クレームが来ると、会議を開いて、どうするか検討してから動き出す会社があるけれど、クレームは時間がたてばたつほど、厄介になることは間違いないですからね。会議や報告は、ご本人に会ってからでいい。

それと関連しますけど、店員がクレームをつけられて自分で処理しようと悩んでいるケースもよくあります。これも、時間だけ過ぎていってしまいますから、ダメです。だからクレームを受けた者にはすぐに上司に報告させ、上司が飛んでいく。それでダメなら、最後には社長が行って、謝罪すればいい。

うちの場合だってありますよ。そういう時は、うちの尾上社長が行きます。そうすると、それまでカッカしていたお客様が、「わざわざ社長さんまで来なくたっていいのに……」ということになるかもしれないですからね。二、三回行って、社長まで出かけていって、それなりの誠意を示しているのに、まだゴタゴタするようだったら、警察沙汰にするしかないでしょう。でも、たいていは相手だってそこまではしたくないでしょうから。

とにかく、単なる商品に対するクレームだったものが、次第にエスカレートして、会社の大きな問題にまで発展するとしたら、それはクレーム処理が悪かったということですね。すべてこちらの不始末。これが、クレームがついた時の基本です。

僕は、うちの社員にクレームに関しては、こう考えろと言っているんですよ。

クレームが発生した時、僕たち商人がまず考えなければいけないことは、すべてに対して商品を売った自分たちが悪いのだ。なぜなら、僕たちは商品を売ることで利益を得ているのだから。利を得るためには多少の苦労も失敗もあるよ。災難だってある。クレームは、そうした利益を得る過程で起こった苦労や失敗や災難だと思うことだ。そして、その失敗や災難を嘆くのではなく、クレームがついたら、「もうこの失敗を繰り返さないぞ」と心に誓うこと。そして、クレームをつけた人に感謝すること。なにしろ、もうこうした失敗をしないためのヒントをくれたんですから。

クレームに関しては、こんなところでいいかな。

自ら変ずれば、転ず

クレーム処理の時、クレームをつけた人に感謝すると、相手はどうなると思う?

そう、わかりやすい言葉で言えば、相手は調子が狂っちゃうよな。さっきも言ったけど、これを僕は、「自ら変ずれば、転ず」と言ってる。逆に言えば、自分を変えないと、相手も変わらないということ。

だから、仕事上でうまくいかない時があって、「どうしても、これはダメだ」と思ったら、そこで諦めないで、自分の考え方を変えてみる。

たとえば、僕が社員と話すとするね、僕が会長であるかぎり、なにを話しても社員は、「はい、わかりました」としか言えないだろう。ということは、意見の押しつけになってしまうし、社員の方だって、「会長があぁ言うんだから」って、自主性が失われるどころか、下手をすれば責任転嫁につながってしまう。

そういう時は、僕はいつもこう考える。

もし自分がなにか言われる立場だったら、どうなんだろうって。どういうふうにとらえるだろうって。ということは、自分の考えを変えるということですよ。とことんゴリ押しはしないってこと。この自ら変ずることはなかなかできないことですけどね。でも、この「自ら変ずれば、転ず」という言葉は、若い人たちにぜひ理解してもらいたいね。

よく、頑固一徹の人がいますよね。おそらくは信念のある人なんでしょう。もちろん、信念はないと困るんだけど、本当に自分がある目的を達したいと思ったら、頑固にひとつの方法をとるだけでなく、いろいろな攻略方法を考えるべきだと思うんだけどなあ。山に登るのでも、登頂方法はひとつではないでしょう。尾根伝いに隣りの山から行くコースもあれば、ロッククライミングで、下から岩登りで目指す人もいる。

だから、自分である程度やってみて、「ああ、これはちょっとまずいな」とか「相手はガンとして動かないな」と思ったら、やり方を変える工夫が必要なんです。

　これがなかなかできない人が多い。なぜなら、相手の人ばかりを変えようとするから。「あの人はこうだ」とか「あの人はこんなことを言った」とか、みんなそうですよ。すべて人のせいにする。中には、「時代が悪い」なんてことをヌケヌケと言う人がいるから、困ったもんですよ。

　そういう時は、「俺があいつだったら……」と考えると、自ずとこっちの考えが変わりやすいことを覚えておいてほしいですね。そう、「自ら変ずれば、転ず」です。

　おや、もう、こんな時間か。

　ああ、そうだ、今度、軽井沢にいらっしゃいよ。僕の別荘で話しましょう。鳩山薫子さんから昭和三十七年に譲ってもらった、万平ホテルの裏のいいところですよ。ええ、ぜひぜひ。いや、遠慮なさらないで。

　まだまだ話したいことが、山ほどありますから。

Ⅳ　夢は見るものでなく、摑むもの

イタリアのアルタガンマから「名誉アソシエイト」を授与される

いやぁ、いらっしゃい。軽井沢まで、ようこそ。

このベランダにいますとね、これから涼しくなってね、風が下から渡ってくるんですよ。ちょうど僕の別荘の前が谷のようになっているでしょう。ですからね、堀辰雄の『風立ちぬ』じゃないですけど、この木々の間を抜けて風が立ち上ってくるんです。まるで風が見えるようですよ。

冷たいものでも、どうですか。おーい、前田君、お客様に冷たいものを差し上げて。ささ、どうぞ、どうぞ。紹介しましょう。うちに四十年も前からいる前田君。軽井沢のことなら、彼になんでも聞いて。おいしい蕎麦屋から、公衆トイレの位置まで、なんでも知ってるから。前田君、悪いけどね、冷たいものを差し上げたらね、ちょっと買い物に行って、六時にここに迎えに来て。今夜はステーキとワインだから。うん、そう、例のとこ。僕の方で予約を入れてあるから。じゃ、頼みましたよ。

どうも、すみません。ええ、先日、イタリアに行ってきましたよ。アルタガンマから「名誉アソシエイト」というのをいただきましてね。写真ができてきましたから、ぜひ見てください。

アルタガンマというのは、イタリアの高級品市場で仕事をする国際的に有名な会社が一九九二年に作った協会でね、設立以来、それぞれの分野の枠を越えて交流を深めている組織なんです。どんな会社が入っているかっていうとね、ロロ・ピアーナ、グッチ、フェンディ、フェラガモ、ヴァレンティノ、マックスマーラ、ブルガリ、ヴェルサーチ、ゼニア、エトロ、家具のカッシーナ、車のフェラーリ、ホテルのヴィラデステなど約五十社。

そこがこの僕に、長年イタリア文化の紹介に貢献してきたことで、「名誉アソシエイト」のひとりとして、彼らの仲間入りをさせてくれたというわけ。

この授賞式が行われたのが「ビラ・マダマ」っていってね、大統領官邸。その晩餐会の席で僕の隣りがゼニアの社長。プラダの社長も、フェラガモの社長もみんな来てた。それで、次の日がパネル・ディスカッション。

フェラーリの社長って若いんだね。まだ五十歳ちょっと前にしか見えない。すごい人気者だったですよ。

夕方からはフォロ・ロマーノって遺跡があるでしょ。そこの隣りにカピトリーノっていう美術館があって、古代ローマの彫刻なんかが展示してあるんだけど、三階の屋上がテラスになっていてね、そこで夕方六時から「さよならパーティ」があって。フォロ・ロマーノの遺跡が全部見下ろせて、コロッセオが正面にあって、向こうにローマの丘。そこに夕陽があたって、そんな景色を見ながらのパーティだもの。さすがだと思いました。そうした集まりに僕のような者が名誉会員の一員として招待を受けて、本当に光栄でしたよ。

やっぱり、これだけのトップの人たちが、これまでの僕のちっぽけな仕事をちゃんと見ていてくれたんだと思うと、感激しましたね。

その上で、はじめて会う人には「モトヤマはただの商売人じゃない。この人はちゃんとした哲学を持った人だ」って僕を紹介してくれましてね。

その時、思いましたね。一生懸命やっていれば、必ずいつか誰かがどこかで見ていてくれるんだって。若い連中もね、「どうせ俺なんか、なにやってもダメなんだ」と思いがちだけどね、そうじゃない。「お前ひとりで苦労しているようだけど、誰かがちゃんと見ているんだから、がんばれ！」って言ってやりたいんですよ。「それを信じるんだ」ってね。

ほら、風が少し渡ってきました。ね、涼しくなってきたでしょう。僕はこの季節の軽井沢の、この時間が大好きなんだ。昔は、木々の間から浅間山が見えたんだけど、木が成長しちゃってね。

まあ、どうぞ、遠慮なさらずに、ゆっくりお飲みになって。

さて、今日は、なんの話をしましょうかね。

夢は夜見て、昼開く

これからの若い人に言っておきたいことですか。

そうですね。うちの社員を含めて、これからの時代を生きていく若い人たちに言いたいことはね、まず、「夢を持つ」こと。そんなことを言ったら、「会長、よく考えてモノを言ってくださいよ。いまは夢なんか見られる時代じゃないですよ」って言われる。

たしかにそうかもしれない。でも、僕の若い頃なんか、戦争だよ。終戦になって、東京は焼け野原だ。誰も希望なんか持てやしない。広島や長崎はもっとむごい状態だった。それでも、僕には夢があった。僕が思うにはね、そういう絶望的な状況下で、夢を描けない人は、どんな時代になっても、夢を持てないんだと思う。

「あの時にああしておけばよかった」って言う人がよくいるじゃないですか。僕に言わせれば、それは単なる言い訳だよ。二日酔いして、「ああ、あのもう一軒が余分だった」と思うのと一緒。やってしまったことを後悔するのは愚の骨頂。反省はいいが、後悔はしちゃいけないよ。

じゃ、夢ってなんだ。子供の頃、「将来は何になりたいですか」と聞かれて、「平凡で、つましい家庭生活を送りたい」と答えた人は少ないだろう。正直に自分の未来に夢を馳《は》せる。これが、いわゆる「夢見る頃」。要は、単なる自分の将来に対する願望ですよ。

僕の言っている夢は、「見る」ものではなく、「持つ」もの。このちがい、わかる？　夢を持つということは、願望や希望を実現するために努力をする覚悟があるということを意味しているんです。だから、「いまの時代、夢なんか持てない」と言う人は、僕から見れば、努力することが嫌だから、理屈をつけて逃げているとしか思えません。

まあ、夢のない人の話をいつまでもしていたって、それこそはじまらないから、成功へのスタートは、まず夢を見るのではなく、夢を持つこと。『夢は夜ひらく』なんて歌があったけど、夢は夜見て、昼に開くもんだからね。

夢を持つ、つまり、自分の希望を実現するためには、どうしたらいいか。まず、チャンスを摑むための爪を常に研いでおくことが必要。能ある鷹じゃないが、自分の才能に磨きをかけながら、チャンスを待つ。これが大切だ。

商人道《あきんどどう》で言えば、爪を研ぐというのは、商売のカンを養っておく、鋭くしておくということも必要だし、資本金を貯めておくことも、人材をあらかじめ集めておくことも必要でしょう。

もちろん、一度夢を持ったら捨てないという気構えも大切だ。今の人は一回挫折をしてしまうと、もう立ち直れない。誰だってなんにも挫折を経験しないで、一回で夢を叶えてなんかいやしない。失望したり、落ち込んだりしながら、一歩一歩夢に近づいていくんだから。

落差のあるところにビジネスのチャンスがある

若い人の中には、「自分の力を試してみろよ」と言っても、「資本金がない」とか、「時間がない」とか理屈ばかりで、なにもしない人が多いのは情けないですね。最近は、フリーターならまだしも、ニートと呼ばれる、学校にも仕事にも行かない若い人が多いっていう。

意欲がなければ、夢なんかまったく持てない。なぜ、そんな閉塞状況に置かれているかというと、彼らは井戸の中から天井を見ているからだと、僕は思う。

つまり、日本という国でしか生きられないと思い込んでいるから、コンクリートで固められた日本の社会に押し込められてしまっているんですよ。今の日本の社会は世の中ができあがってしまっているし、資本も一部の人たちの手に押えられてしまっている。だから、「なにかやれ」と言われても、「いまさらひとりでなにができる」と、こうなっちゃう。それに、今の人は情報を持ち過ぎる。それに頭がいいときているから、「ああ、もう業界はこうだ、ああだ」と考えて、動けない。

でもね、ちょっと視点をずらしてごらんなさい。いま、中国に行く、東南アジアに行く、ロシアに行く。体を張って日本を飛び出していけば、やることなんかいくらでも見つかると思うし、おもしろいと思いますがね。僕がふたりいたら、今頃、たぶん、もうひとりの僕は、どこかほかの国に行って、ビジネス・チャンスを探しているな、きっと。

たとえば、いま給料二十万円という若者がいる。日本で二十万はたいしたことがない。家賃払って暮らしていたら、カツカツかもしれない。でも、一歩日本を出たら大卒で月給二万円なんていう国はいくらでもありますよ。そう考えたら、二十万円は彼らの年収だ。ましてのこと、五十万円の貯金があったら、向こうではなにもしなくても二、三年は黙って暮らしていけるかもしれない。

　世界を相手にすれば、そのくらいの落差がある。その落差が、実はビジネス・チャンスなんだ。東南アジアのものを日本に持ってきて売る。それだけで、どれだけ儲かるか。昔、ユダヤ人はタイで純金を買ってヨーロッパやアメリカで売った、わずかそれだけで、旅費はおろか、かなりの儲けを生んだと言われている。

　僕は、若い頃、日本人が当分行けないだろうと思われた遠いヨーロッパの商品を日本に持って帰ったから売れた。人が行かないところに行く。これも、落差。

　また、たくさんあるところに行って買ってきたものを、ないところに持っていって売れば、売れるに決まっている。これも落差。昔、シルクロードの商人たちが運んだ絹は、同じ重量の金と交換されたそうですよ。また、胡椒も同様に高く売れた。いま、外国に行けば、どこにでも日本料理店はある。最近ではＳＵＳＨＩと看板に書かれているから入ってみたら、韓国人やイタリア人が握っていたっていう話もよく聞きます。それでも、味さえよければお客さんには事欠かない。なぜなら、ほかに寿司屋がないからなのです。

　こういうのを、「逆張り」と言う。わかる？　丁半博打でみんなが半と張ったら、ひとりで丁を張る。僕は長さんだしな。人がやらないこと、これも落差のひとつ。

　落差があるところにビジネスのチャンスあり、だ。

僕が月給二十万のサラリーマンだったら、とりあえず、一ヵ月の有給休暇を貰ってインドに行ってしばらく暮らしながら、いま日本にないものを探しますね。「これ、商売にならないか」って考える。その時に、必要なのがカンなんだよ。

いま僕は、月給二十万じゃないけれど、気持ちは若い人と一緒。これからは、アジアの美を、文化をどうやって売っていったらいいか考えてる。

そこには、また、まだ誰も手をつけていないという落差、ビジネスのチャンスがきっとありますからね。

そろそろ「和の世界」で商売を考えよう

アジアの美もいいけれど、日本の美も商売のネタにならないだろうか。

たとえば、紙と木と土の文化、茶道、華道、着物、神社仏閣、花鳥風月、文様、さらにはいわゆる「雅《みやび》」の世界。言っておきますけどね、日本の美って、世界に誇る素晴らしい文化ですよ。

しかし、これを商売にするとなると、むずかしい。そりゃあそうだよね。銀座だって、呉服屋さんはじめ和装関係の店はどんどんつぶれていくし、京都の西陣だって一時ほどの元気はないでしょう。だから、着物をそのまま売っててもダメでしょう。昔には戻れっこない。

ただ、ちょっとだけ、最近おもしろい現象が起こっている。コーラの時代が完全に終わって、水のあと、いま、若い人の間で「お茶」が流行していますよね。少し前までペットボトルに入った冷たいお茶を若い人が飲むと誰が思ってた？

花火大会に浴衣に下駄姿が増えてきたし、女子大の卒業シーズンになると、ブーツに袴姿の女の子を多く見かけるようになりましたよね。ということは、若い人たちの中に、和の心を理解する芽が育ってきたということです。

この芽に水をやって、肥料をあげれば、ブランド志向一色だと思われた若い人たちの中に、新しい文化が生まれる。そうなれば、そこに商売も生まれる、ということではないでしょうか。

和の心が芽生えたからといって、着物が復活して売れるということはない。そりゃあそここの着物は売れるかもしれないが、高級呉服が売れ出すとは考えにくい。だったら、どんなものが売れるか。それを考えたらいい。これは、大ヒントだよ。ブランド・ブームのあとにやって来るビッグ・ウエーブをいま考えることだ。もう、僕はこんな歳だから、うちの息子たちにやってもらいたいけどね。

もうそろそろ日本を含むアジアの風が吹いてくる。

それに関してのヒントをひとつ、あげましょうか。

いまね、京都の西陣の子供たちがどんどんヨーロッパやアメリカに行って、デザインや芸術の勉強をしている。親父さんたちが「もう、西陣は昔のようにはなれない」というので、子女を留学させていらっしゃるんだね。次の時代に期待しているんだ。彼らが何を考えているか。

新しい商売を考える上で、これは、かなり重要な情報だよ。

京都や金沢の老舗の何代目かの彼らは、布の文化、日本の着物の模様や色、さらには材質をよく知っているし、見本や手本が身近にある。和菓子屋もそうだよ。その彼らが、やがて、世界のファッション・リーダーになる日もそんなに遠くない。

僕なら、いま、誰がどこで、何を考えているのか、それを知りたいね。着物だと思って見るから、日本人だけのものと思ってしまうけれど、一枚の布と考えたら、友禅なんか、きれいだよ。能衣装だって素晴らしいよ。世界中の女性が美しいと言ってくれる。

つまり、そこで、新しいブランドになれる可能性があるというわけだ。ミラノで僕も、そうした勉強をしているお嬢さんに会ったけどね、商人の目で見ても、その芽は確実に育っている。彼女が世界的なデザイナーになってからじゃ、遅いんだ。商人は、いまからその芽を育てなければ。そうした人たちが欲しがっているのは、自分の作品を売ってくれる店なんだから。

息子たちに言いたいのは、これです。これまでは、「日本の美や和の心を守っていく」という考え方だった。しかし、これからは、そうじゃない。和の攻めの時代、「日本の心、日本の文化」の攻めの時代がやがてやって来るということなんだ。

日本は戦争に負けて六十年、ずっと外国の文化を真似してきた。それが、いま、真似しすぎて、ブランド漁りをしたり、渋谷あたりの若者たちのような行き過ぎた傾向が見られますよ。

でもこれからは、日本が攻める番なんです。その拠点が東京。もっと言えば、銀座なんです。

しかも、いまの銀座は「和」が完全に「洋」に席捲《せっけん》されてしまっている。無条件降伏ですよ。「和」と「洋」の六十年戦争で、完膚なきまでに「洋」に蹂躙《じゅうりん》されてきた。もっとも僕は、その戦争で一時は「洋」の旗頭だったのかもしれませんがね。

その僕も、あと何年かたてば、「茂登山は古いよ、もう負け犬だよ」と必ず言われる時が来ますよ。それでいい、と僕は思っている。僕は自分の役割をわかっていますし、僕の夢は、昭和三十九年に銀座並木通りに開店した時点ですでに叶えられているんですから。

じゃあ、これからはどうするんだよ、と言われたら、今度は「和」を売りたい。アジアの美を売りたい。でも、僕はもうできやしないよ。はじめることはできるけど、大成功の瞬間は、見られないだろう。

だから、誰でもいいんだよ。僕がこれまで働かせてきた商人の「カン」を信じて、「和」で勝負してくれないかな、と思っている。いま、僕の息子も時々京都に行っては和の勉強をしているようだけどな。

「落差のあるところにビジネスのチャンスあり」と言ったよね。ブランドが洪水のように溢れて、そこらじゅうブランドだらけ。お客様は誰だって、ひとつやふたつのブランド商品を持っている世の中だ。これがいつまでも続くと思うかい。もう限界は、そこまで来ている。韓流なんて言葉が生まれたのも、その兆候のひとつだよ。

日本には美しいものがたくさんあるじゃないか。それをそのまま売るのではなく、もうひと工夫、ふた工夫すれば、もうこの辺でそろそろ世界に通用する和のブランドができると思うけどなあ。

ここまでこられたのは、「女性」の力があったから

僕の商売は、だいたいが女性を相手にしてきたから、ここまでこられたのは、女性のおかげだといつも思っています。

お客様やワイフ以外では、僕は特に三人の女性に感謝している。母と、田中邑子《さとこ》という叔母、それから、ゆきちゃん。この人たちがいてくれたから、「サン モトヤマ」をここまで持ってこられたんだと思ってます。

母はね、チャキチャキの江戸っ子で、性格も明るくて、気配りもきいて、まさに浅草育ちの女って感じで遊びも大好きだったけど、こと僕のことになると、いつでも一生懸命だったな。たとえば、昔、僕が勉強していると、母は絶対に先に寝ないんだ。でも、朝早くから働いているから眠いんだろうね、時々、コックリをしてしまう。そうすると、仏壇からお線香を持ってきて、火をつけて、自分の指にお線香の先をつけてるんだ。熱いよ、そりゃあ。そうすれば、眠気がすっ飛ぶと思って、そういうことをやってた。

そんな姿を見たら、勉強しないわけにはいかないですよ。僕は頭はよくなかったけれど、一生懸命努力して、最後にはほめられたくらいよく勉強したから、どうやら府立第一商業に入れ

たんだ。

母は本当に僕のことを心配してくれた。こうして、いまでも元気でいられるのは、母のおかげだと思ってますよ。

それに、江戸っ子だけに、粋だった。

たとえば、羽子板市で羽子板を買うとするでしょう。そうすると、たとえば、とてつもなく大きな五万円の羽子板を三万円に値切って買う。そうしておいてから、ご祝儀に一万円を渡す。そういう人だった。

晩年はね、「好きなようにお金を使っていいよ」って言ったら、毎年、暮れには必ず二百万円ぐらいの請求書が来たくらいだから。「長市郎、すまないねえ」って言ってたけど、それが僕の親孝行だったんですね。

若い頃、無理したのがいけなかったんだろうね。八十一で亡くなった。でも、この母がいたから、僕はここまでやってこられたんだと思ってます。

その次は、「田中」。田中邑子っていうんですけど、僕のワイフの母の妹。だから、叔母さんにあたる。いま、八十九歳。昭和三十年に会社を設立して以来、ずっと僕の片腕だった女性です。いやいや、ワイフが田中を紹介したんじゃなくて、彼女が僕にワイフを紹介したんですよ。

彼女の実家は近藤っていって、横山町でメリヤスと傘の問屋をやってた。それでやがて彼女は田中家の養女になった。田中家っていうのは関西なんだけど、渋谷で「白牡丹《はくぼたん》」という店をやっていてね、当時化粧小間物を売ってた。白粉や口紅だの、リボンだのって。ところが、戦災で店が焼けちゃったんで、売るものがなくて、僕のところに田中が来て、「長さん、長さんが扱っているものを私にも売らせてくれない」って言って、うちの商品を東京や関西の小売店に行っては売ってたんだ。それで知り合ったんだから、昭和三十年じゃないや、二十五、六年だ。

それで、しばらくして、田中の紹介で田中の姪とお見合いをした。それがいまのワイフですよ。それで、会社を作った時に僕の片腕になってもらった。それから、つい七、八年前まで、会社にいてくれたんだから。最後は常務、相談役だったかな。

とにかく、社員の教育には、厳しかったですからね。僕は、ほら、どうしても特に女性にはやさしいでしょ。あんまりバシッと言えないんだね。だから、田中がいてくれて本当に助かったよ。全部仕切ってくれましたからね。お茶の淹れ方ひとつから、言葉使い、お客様のフォロー……。

「一生懸命やれば、数字はあとからついてくる！」ってよく言ってました。

お客様とは、とにかく古い付き合いだから。田中絹代さんはじめ、みんな彼女の友だちだもの。当時から「田中のおばちゃん」って呼ばれてね。

僕が長期にわたって店を空けて、外国に何度も仕入れに行けたのも、この田中邑子がいてくれたおかげですよ。いまは、大磯にひとりでこぎれいに住んでいます。足は悪くなっていていますが、相変わらず口だけは達者でね。最近まで時々会社に来ては、社員にお小言を言っていたみたいですよ。

でも、本当に、この田中邑子叔母には感謝している。もちろん、最高のワイフを紹介してくれたことも含めてね。

それから、もうひとり「ゆきちゃん」。いまから五十五年ほど前にね、「こういう子がいるんだけど、頼むから使ってもらえないか」っていう話があってね、どうしようか迷っていたら、母がね、「長市郎、使ってあげなさい！」って。

この子はね、家が本所の方で大きな運送屋をやっていたんですけど、空襲で焼けちゃって、しかも男がみんな死んじゃったんで困ってたんだね。それで、十六歳の時に、いまでいうお手伝いさんとして、我が家に来てもらったんです。いま、彼女は七十一歳だから、五十五年も我が家にいてくれているんだ。

僕の子供三人、孫六人、全部彼女が育てたと言ってもいいくらいですよ。僕の孫なんか僕の家に遊びに来るんだって、「おじいちゃんの家」なんて言わないんだから。「ゆきちゃんの家に行きたい」ってね。そのくらい、子供たちをちゃんと育ててくれたんだ。

そう、結婚してない。何回も見合いをさせたんだよ。最後なんか、小学校の先生と見合いして、いよいよ結婚ってところまでいって、「長らくお世話になりました。お暇をとらせていただきます」なんて涙、涙でお別れしたのに、式の一ヵ月前に戻ってきちゃったんだからな。

「やっぱり結婚はよします。茂登山家に最後までいさせてください」だもの。それで、ずっとまた家にいてくれたんだけど、もう子供も大きくなったんで、彼女が七十歳の時に、「ゆきちゃん、本当に長い間ありがとうね。僕がアパートを借りてあげるから、そこで余生を好きなように暮らしなさい。この家には好きな時に来て、食事をしたり、泊まっていったりしていいんだから」って。たまたま運良く新しい隣りのマンションに住んでもらっていますけど、いまでも週に五日は僕の家にいますね。

それに、なんといっても、最後はワイフでしょう。僕のすべてにわたって心から本当に心配してくれている。女房あっての亭主でしょう。男はみんなそうですよ。奥さんに感謝してない男は、ロクなヤツじゃない。え、前と話がちがう？　こと自分のワイフの話にかぎっては、臨機応変だよ。

僕はね、家に帰って、絶対に仕事の話はしませんよ。でも、夜遅くまで書き物をしていると、「あなた、何をやってるの？　仕事で死んじゃうわよ」と言ってくれる。そのたびに、書き物をやめる。ワイフには絶対さからわない、それが一番いい。夫婦円満の秘訣ですから。

ひとつだけ、のろけを言わせてもらうと、うちのワイフは料理が上手なんですよ。和食、中華からフランス料理まで、なんでもござれだ。これだけでも、僕は幸せ者だと思ってますよ。

こんなこと、なに、真面目な顔で話してるんだ。照れるじゃないか。

継続は信用なり

まあ、女性の力はあったけれど、実際には僕自身、一匹狼、ひとりでやってきました。でも、これからのことを考えると、このくらいの規模だったら、できればファミリー企業としてこのままやっていければいいなあ、と思っていますよ。

なぜ、そう思うかと言うと、第一にファミリー企業の方が創業者の理念なり夢なりを理解しやすいじゃないですか。この会社は何の目的で生まれ、何をしてきたのか、そういうことが次の代、またその次の代につながっていく。僕はね、「経営」というものは、「継続」に意義があると思っているんですよ。継続こそが、その会社の体力であり、信用なんですから。

ほら、よく創業寛永元年とか明治六年とかあるでしょ。あれが、いわば、その店とか会社のすべてを表しているんです。いわゆる老舗。中には本家だの、元祖などといって争っている一族もあるけどね。総本家なんていうのもあるしね。でも、決して大きくしたくないね。

そういう意味でも、ファミリーでやれるものなら、楽しくやった方がいい。毛利元就じゃないけれど、兄弟三人力を合わせてというのが理想ですけどね。ところが、これがなかなかむずかしいんですよね。ちょっと間違うと、さっきの本家、元祖のような、ファミリーだけに血で血を洗う争いに発展しかねない。グッチなんか、その典型ですからね。

継続が経営にとって大事だということは、後継者が大切だということです。経営者はいま自分がやっていることに責任を感じなければいけないのはもちろんだが、後継者選びにも、かなりの責任があるわけです。

僕の場合、それを考えるのが少し遅かった、というか、時代の方が先に来てしまった感じがしますよ。ええ、これからの国際社会を考えて、長男の貴一郎を外国に留学させたりしましたがね、仕事を教える前に、バブル経済の崩壊もあって世界のブランドの黒船が来襲してきましたから、後継者の育成という点では立ち遅れたと反省してますが……。

幸い、僕の娘婿の尾上が四代目を継いで立派に社長をやってくれて、適当な時期に息子にバトンをタッチするよう考えています。そうやって、息子が五代目、そして孫が六代目とつながっていけばいいなあなんて思ってますが、そうは簡単に問屋が卸さないでしょうね。

僕の場合にかぎらず、経営者からバトンタッチされた次の経営者に大事なことは、決して、その会社をあまり大きくしようとしないこと。むしろ、質を高めていく。商品の質も、社員の質も、従業員の生活の質まで含めた経営のクオリティを高めるように努力すべきです。極端なことを言えば、給料二十万円の社員を五人増やすなら、五十万円の社員ふたり雇った方がいいという考え方です。

内部をかため、働いてくれている社員が金銭的にも精神的にも豊かであれば、それで十分です。だから、上場なんてとんでもない。

僕が最初にヨーロッパに行った頃は、ルイ・ヴィトンだって、グッチだって、全部ファミリーでやっていた。それがどうです。全部、ファミリーでなくなった。大きくなればなるほど、創業者の精神と次第にかけはなれていくのを、僕は目の当たりにしてきていますからね。そういう意味では、「家訓」のようなものも、なにか残しておかないといけないのかもしれませんね。

「天国の扉」感謝の心を忘れるな

僕は名取洋之助さんのおかげで、ヨーロッパの重厚な、それでいて、エレガントで美しい文化に触れることができた。そして、その経験から、僕はその素晴らしいヨーロッパの文化を、ささやかながら日本で売るという仕事をはじめた。そして、その仕事が何十年と続き、僕の生きがいにも、支えにもなった。

これは、見方を変えて考えてみれば、ヨーロッパの文化そのものによって、僕自身がここまで育てられたということになる。イタリアの文化が、フランスの文化が、あるいはほかのヨーロッパ諸国の文化が、それぞれ仕事の上での僕の父であり、母であり、兄や姉だったんですね。

ヨーロッパの文化は、僕にたくさんのことを教えてくれた。

特に、名取さんとのヨーロッパ旅行の時、お別れの食事会で名取さんが言ったことが忘れられない。名取さんは僕にこう言った。

「イタリアのルネッサンス文化を支えたのは、メディチ家なんだ。いいかい、商人はね、儲けた金を何に、どう使うか、それが問題なんだ」

そう言って、メディチ家の百合の紋章のメダルを記念にくれた。

そうだ、僕はヨーロッパ文化に育てられた商人じゃないか！

僕がそのことにはっきりと気がついたのは、今から二十年ほど前のことでしたね。だとしたら、なにか恩返しができることはないか、と考えていた時、くしくも、メディチ家ゆかりのフィレンツェの「天国の扉」のことを知ったんです。

「天国の扉」というのは、ルネッサンス芸術の最高傑作のひとつで、フィレンツェの花の聖母教会（サンタ・マリア・デル・フィオーレ）の前にあるサンジョバンニ洗礼堂の東側の扉です。十五世紀にイタリアの彫刻家、ロレンツォ・ギベルティが二十七年という歳月をかけて完成させたもので、旧約聖書から題材をとった十枚のレリーフをはめ込んである。

ところがその十枚の貴重なレリーフは長い間に腐食したり、取り外されたりして、もう昔の面影がなかったんです。扉もかなり朽ちている。

そのレリーフの鋳型がフィレンツェ郊外のある工房に残っているというんです。僕は、その復元を決意した。もちろん、レリーフだけでなく、扉全体の復元です。今こそ、名取さんに言われたことを実行する時だ！　さっそく、工房に行き、鋳型を買い取って復元を依頼し、一年半かかってできあがったものを、教会に寄附したんです。

いいや、いいですか、僕はここで自慢話をしているんじゃないんですよ。

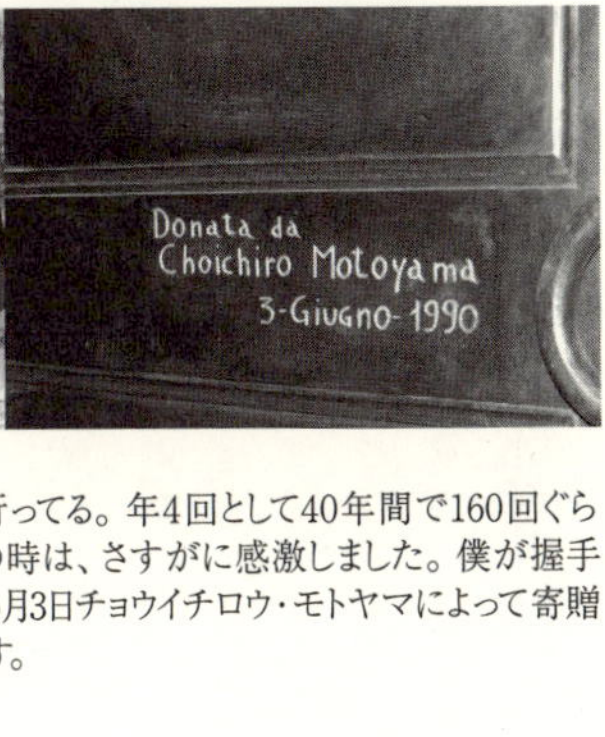

僕はフィレンツェには数え切れないほど行ってる。年4回として40年間で160回ぐらいですか。でも「天国の扉」の除幕式の時は、さすがに感激しました。僕が握手してるのが大司教。扉の裏に、1990年6月3日チョウイチロウ・モトヤマによって寄贈された、と彫り付けてくださっているんです。

商人は、感謝の心をいつも胸に秘めていなければいけないということを言っているんです。僕はフィレンツェで、イタリアのルネッサンス文化に触れ、美に対する目が開かれました。そのフィレンツェは、ほかでもない、グッチとのまさに劇的な出会いの場だったのです。この地がなかったら、いまの僕はいなかっただろう。そう考えたら、なにか自分ができる範囲の恩返しがしたいじゃないですか。それが、「天国の扉」の復元だったのです。

人間はひとりでは成長できません。誰かの力を借りて、大きくなっていくのです。ましてのこと、商人は、お客様をはじめとしたたくさんの人や物、さらには目には見えない流行や時流のおかげで、成長していくのですから、感謝の心を忘れてはいけませんよ。

僕の「人生訓」

我が家の家訓？　僕の家に「家訓」などというものはない。祖父も父も尊敬しているけど、それは「サン」という商号をつけてくれたことで十分だと思っています。

でも、次の時代を担っていく子供たちが「家訓」のように思ってくれる「人生訓」ならいくつかあるから、いい機会だから、ここであげてみましょうかね。これまで言ったことのまとめになりますけどね。いわば、自分を含めて「商人として、こういう生き方をしなけりゃいけないな」という意味で、あとに続く人たちへのメッセージだと思ってくれれば、いいんですよ。

たとえば、こんなことからはじめましょうか。

①セールスとは自分の全てを売ることであって、物を売ることではない

これは、商人にかぎらず、ビジネス全般に言える、いわば商売の「鉄則」。

セールスとは、商品知識だけでなく自分の持っているすべてをお客様に売ること。セールス・テクニック、あるいは教養、マナー、知性、言葉使い、性格まで、相手に理解してもらうこと。それこそがセールスであって、物は、すべてそのあとについてくるものなんです。

もう少しわかりやすく言えば、「お前を信用して、これを買う」「お前がすすめるから、買ってあげよう」とお客様に思われること。それが商売の原点だと僕は思う。それが自分を売る、ということ。いまはブランドに頼りすぎて、とかく、自分をセールスすることを忘れている。

だから、セールスがうまくなるためには、口先だけ訓練してもダメだ。ピカソだって最初は、セザンヌやほかの画家の真似をして、次第に自分の世界を作っていったように、人生の達人たちからあらゆる知識を学び、いいところは真似をし、自分を磨き、「お客様に信用されるような自分」を創り上げることが、セールスを上達させる近道です。

そのためには、日常の行動から、商人は常にセールスマンであらねばならない、と僕は思っています。

「どうしたら売れるだろうか」の答えは、お客様が知っている。また、「どこで何が安く売ら

れている」という情報もお客様が持っている。だから、日頃から、人と交わり、人ごみの中で、その答えを見つけることが必要なんです。

その答えがわかれば、お客様は「お前がいるから、この店に来てるんだ」と必ず言ってくださるのですから。

②「商い」は、楽しくなければならない。「商い」は「飽きない」

商売をする人は、商売が好きでなければならない。いやいや商売をしているような人を時には見かけるが、お客様にとって、こんな不愉快なことはない。逆に楽しそうに接客している人を見ると、また来たくなるし、話もしたくなるものだ。

「先日頼んだもの、ある？」とお客様に言われた時、「はい、ございます。お待ちしておりました」という阿吽の呼吸。これが大切だ。いまの人は、自分の店にないものは最初から断ってしまう。「うちにはありませんから、ほかで買ってください」というヤツばかりだ。「お急ぎでなければ、探しておきますが」となぜ言わない。昔はうちには売ってない果物やアイスクリームでも、お帰りまでにひとッ走り行って、買っておいたものだ。

そうした「お客様を飽きさせない」ということは、商人の原点でもある。その象徴が笑顔。笑顔のない店には、商売の神は宿らない。

また、いろいろなお客様が来ることによって、売る側も飽きない。飽きないから、楽しい。

まさに、「商い」は「飽きない」に通ず。「長さん、あなたの笑顔が見たくて、遠くからまた来ましたよ」と言ってくださるお客様が、僕には神様に見える。

③「お得意様」とは、お客様を得意にすること

よく買いに来てくださったり、遊びにみえたりする常連客を「お得意様」と言うが、どうして常連になってくださったのか。それをまず考えてほしい。

それは、店員がそのお客様を「得意」にさせたからだ。つまり、店に入ってから、楽しく、気持ちよく過ごせたことによって、「この店は、自分を大切にしてくれる」「今度、ワイフを連れてきてあげよう」と得意満面な気分になったから、常連になってくださったのだ。

そのためには、商人は「聞き上手」であり、また時には「話し上手」でなければならない。お客様にはふた通りあって、話すことが好きな方には聞き上手が必要であり、寡黙な方には、こちらが話し上手でなければならない。いま、求められているのは、「聞き上手」。

さらには、このお客様はどちらのタイプか。それを一瞬で見分ける能力もまた、商人には重要である。

それから、お客様は、数じゃない。お得意様がどれだけいるか、それで決まる。なぜなら、お得意様というものは、景気の悪い時でも必ず買いに来て、助けてくれるものだからです。

④迷惑はかけられても、かけてはならない

「損して得とれ」という言葉がある。商人の立場で言えば、たとえ、いろいろな形で迷惑をこうむっても、耐えて忍ばなければならないというのが鉄則。ましてのこと、お客様や取引先に迷惑をかけるのは、天に唾するに等しい。

迷惑はかけられてもいいが、決してかけてはいけないということ。迷惑をかけた人は必ずどこかでバチがあたる。なぜなら、うちの店だけでなく、ほかの店でもきっと迷惑をかけているから。それを、我慢できず、迷惑をこうむったことで喧嘩を売ると、それが口から口に伝わって、まるで自分のことのように、関係のないほかのお客様まで嫌な気持ちにさせてしまうからだ。

決してお客様を怒らせたり、不快な思いをさせてはならないことを商人は胆に銘じておきたい。

⑤商品をすすめる時、「これが一番」と決して言ってはならない

「あら、これ、いいわね」とお客様に言われると、つい「お客様、お目が高い。これが最高です。一番です」と言いたいところだが、商人は「これが一番」と決して言ってはならない。寅さんではないが、それを言っちゃあ、おしまいだ。

なぜなら、本当に一番でも、必ず別の一番があるし、時間がたてば、また新しい一番が出てくる。その時に、お客様はだまされた気分になりやすいからだ。だから、僕は「私の経験で

は……」とか「今のところ……」とか「一番」の前に必ず断りを入れておく。そうしないと、その時はたしかに一番でも、やがて主人の僕がウソをついたということになるからだ。

お客様は、一度かぎりではない。一生付き合っていただくのだ。そこまで言葉に注意しながら応対してほしいものだ。

⑥クレームこそ最大のチャンス！

普通は、困ったこと、迷惑、災難などと考えがちだが、僕はクレームもチャンスのひとつだと考えている。

お客様が文句を言う。その時に、たとえこっちに不手際がなくても、決して言い訳をしたり、反撃を試みてはいけない。なぜなら、その瞬間にチャンスが逃げていってしまうからだ。言い訳をせず、「私が悪うございました。この次は絶対に気をつけます」と言う。そして、誠実に対応する。ひとつ大事な勉強をしたと思え。

商品には欠陥がある。なぜなら人間が作ったものだから。

クレームがついた時、その人を自分のお客様にできるかどうか、そこで商人の腕が試される。クレームは、お客様との距離を一挙に縮める最大のチャンスでもあるのだから。

商売人喧嘩せず、そして、そのチャンスを生かせ。

⑦仕事は決して人と同じことをしない

これからの商売は、「独創性」が求められる。したがって、毎日の仕事の中で、常に新しい仕事を探していくことが必要である。

上司に言われるまま動いていたのでは、いつまでたっても商人にはなれない。仕事は「やらされる」ものではなく、「自ら創り出す」ものなのだ。そのためには、自分は決して人と同じことを目指さないということを強く心に刻んでおく必要がある。その時、はじめて自分の仕事が見つかるからだ。

⑧常にクオリティを追求しろ

これからの商売は大変だ。ものが溢れ、すべてにわたって飽和状態だからだ。

したがって、お客様がものを買う基準は、いま持っていらっしゃるものを捨ててまで欲しいかどうか、その一点にかかっている。

だから、こんな時こそ、クオリティを徹底的に追求しろ。よりいいもの、質的にも、デザイン的にも、あらゆる面でのクオリティを追いかけることによって、必ずものの価値がおわかりになるお客様がついてきてくれる。また、お客様が口コミで広めてくれると、あるコミュニティがそこに作られ、美を愛好する人たちが集まってくる。

商品の質を落とすな。落としはじめたらキリがない。クオリティを高めれば、新しいお客様はつくが、落としたら誰も見向きもしてくれない。

⑨人の悪口、噂話は絶対にするな!

人を決して妬まない。これは、僕が五十年間守ってきた商人の、いや人間として生きる上での鉄則だ。

人を羨ましがれば、そこに妬みが生まれる。すると、つい悪口が出るし、噂話に耳を傾けたくなる。金がなければ愚痴が出る。それが、人間の本性だ。だから、最初から妬まない、と決めることだ。諦める時があってもいい。ましてや、商人は人の悪口を口が裂けても言ってはならない。

商人である前に、誠実な人間であれ。

⑩いいことにも、悪いことにも、すべてに感謝

「どうだい、調子は」と聞かれて、「おかげさまで」と素直に言える人になりなさい。いいことがあろうと、悪いことが起ころうと、すべて「おかげさま」だから。

人間、感謝の気持ちを忘れてはいけない。感謝する気持ちが人生を明るくするし、楽しくさせる。明るく楽しい人生を送ることができれば、人間は幸せなのだから。

お客様に「ありがとうございます」と言う時も、商品を買ってくださってありがとう、という意味だけでなく、「おかげさまで、明るい人生を送ることができます」という深い喜びの心で、感謝の気持ちを表しなさい。自分を産んでくれた母親にも、いつも支えてくれる家族にも、そして、一緒に働いている仲間たちにも、感謝しなさい。

そうすれば、欲張らない、人を妬まない、悪口を言わない、そんないい商人になれるから。

僕の最後の真剣勝負

ちょっと、「人生訓」が長くなった。あと十五分、いいですか。

僕の「人生訓」をお話ししているうちに、いろいろ話したいことが出てきたんで。

あのね、僕は軍隊で、何度も死に損なったでしょ。何十人という戦友を目の前で失っている。だから、僕にはね、本当のことを言うと、怖いものなどなにもないよ。

あの戦争体験が、僕のここまでの人生を形作ったと言っても過言じゃない。兵隊になってすぐ、天津に持っていかれて、その天津の旧租界で日本と欧米の文化の落差に驚いたと同時に、祖父の唐物屋の血が僕の中で急に騒いだ。そして、あの時、「もし生きて帰れたら、今度はこんなきれいな外国の商品を売ろう」と心に誓った。それで、運よく復員できたら、父が有楽町の駅前の一角で、たまたま小さな店をやっていた。だから、「サン モトヤマ」の成功だって、決して僕の手柄じゃない。祖父、父のおかげなんだ。

さっきの話で言えば、「おかげさま」だ。

マンモスと同時代の氷河期を生き抜いたとされるジャコウウシの産毛《うぶげ》で、その軽さ、暖かさ、やわらかさ、強さは世界最高の獣毛と言われている「キヴィアック」。それで作ったニットに、ある人に紹介されて触った瞬間、惚れた。これはいける。是非「サン モトヤマ」で商品として扱いたい。そうなるとどうしても本物のジャコウウシに会いたくなり2005年6月20日、カナダ北極圏バンクス島のサックス・ハーバーへチャーター機で飛んだ。ようやく群と出会えた時にはクルー全員が感激して抱き合ったよ。獰猛な動物なんだけど、目が小さくてかわいかったね。

そう考えますとね、死に損なったことも、警察の留置場に入れられたことも、グッチを返したことも、いまはなんとも思わない。そんなものはね、もともと無からはじまったんだから、無になって当たり前なんですよね。

商売だって、いつ失敗するかわからない。いろんなことがあるからね。商売がずっと成功し続けることなんかありませんよ。でも、七転び八起き。失敗し続けることもない。生きている以上、漫画じゃないけれど、「つづく」だよ。

僕は、お金持ちのお客様をずっと見ていたから、それが実によくわかる。ロールスロイスでお買い物に来てくれた方が、事業に失敗されて、全部持っていかれたりね。

僕だって、その可能性はないとは言えない。万一のことがあれば、もう家からなにから全部持っていかれてしまうんだから。まだ、大企業はいいですよ。倒産しても、社長個人の財産まで没収されませんからね。国が負債を抱えてくれることだってあるんだから。何百億の負債を抱えて倒産したのに、社長さんたちはいい暮らしをしてたりしますからね。僕ら、小商人《こあきんど》はちがう。会社がつぶれたら、僕の家はなくなってしまう。この歳で路頭に迷うんだから。それこそ、闇市に逆戻りだ。

ただ、ワイフにだけは苦労をかけたくないなあ。それが僕の最後の責任だ。ワイフがよく言ってましたよ。「パパ、どんなに成功した商人より、お勤めしている人の方が楽ね」って。そりゃ、そうだよ。どんなに安月給でも、貰った中で暮らしていけばいいんだから。

だから、僕は毎日が真剣勝負。刀も持たず、戦いもせず、安定した毎日を送りたいという人には、商人はできないってことですよ。それにしても、よくぞここまで戦い抜いてきたもんだ。侍で言ったら、老武士だ。でも、闘魂いまだ、衰えずだ。無に返ることを知った侍は、強いぞ。真剣勝負を五十年やり続けてきたんだから。道場の中だけで面、小手つけて稽古しているヤツらとは、腕も根性もちがうからな。

まだまだサンは沈まない

いま、僕はグッチだ、エルメスだっていう、いわば弁慶の七つ道具を全部返しちゃって、素手で戦っている。だって、もう代理店なんかなくなって、ほとんどのブランドがダイレクトに日本に来ちゃったんだから。僕らの業界で言えば、江戸に外国の台風が上陸して暴れ回っているみたいなもんだ。

その中で、江戸っ子の僕を応援してくれている人たちや、お客様、それにうちの社員たちは、「この次に、サンは何をやるんだろう」と心配している。

そりゃあ、そうだろう。これまで、ずっとヨーロッパの一流品、それもいいもの、美しいもの、最高のものを扱っていたのが、扱えなくなってしまったのだから。

日本にまだ紹介されていない、一流のものを売ればいい、と考えている社員もいるかもしれない。僕は、現在、日本にまだ上陸していないヨーロッパのブランドの中で、今すぐに一流のブランドになりそうなのはないと思っている。あるのは、一流を狙っている二流、三流のメーカーだけ。それが一流になれば、また、どこかに買われたり、合併したり、分裂したりするだけのことですよ。

僕は、これから日本を含めたアジアの美を掘りおこしていこうと思っている。「日本の『アジアの美』ブームに火をつけたのは、『サン』だ」と二十年か三十年後に言われるようにね。その頃は、僕はもうこの世にいないけどね。

そして、アジア文化の最後に、日本の美が見直される時代が必ずやって来る。間違いなく、日本の紙や木、土の文化が欧風のライフスタイルの中に溶け込んでいく時代が必ず来る。それも三十年先か五十年先かわからないが、絶対にやって来ると思って、いま、僕は仕込みに入っている。李朝の家具や盆栽、それにカーペットや屏風《びょうぶ》のようなものが、必ず生活を豊かにする時代が、すぐそこまで来ているんだ。

「家を新築したから、ちょっとサン　モトヤマに行って、いいインテリアでも揃えようか」

という時代になるかもしれない。

要は、これから「サン」が目指すモノは、「一＋一＝二」ではないもの。「一＋一」が三や四になるものを売っていこうと考えているんですよ。組み合わせによって、別なものになったり、異質なものにしたりできるもの。

ということは、物を売るだけじゃないってことだ。物を売るというところから、文化全体をコーディネイトする。ライフスタイル。わかる？

そういう仕事まで手を広げていきたいと思っているんです。その中心がアジアの美だったり、日本文化だったりするわけよ。

ああ、燃えてる。頭の中はフル回転だ。『陽はまた昇る』っていうのがあったけど、いいかい、僕の目が黒いうちは、「サン」は決して沈まないよ。

商売より素敵なショーはない

江戸っ子長さん、死んでたまるかってんだ。

よく演劇なんかで、「芸道一筋」なんて言うでしょう。それで言えば、僕の人生なんか「商道一筋」だね。亡くなったフランキー堺さんが、僕の人生を映画にしたいって言ってくれたのも、きっと僕の歩いてきた「商人道《あきんどどう》」がおもしろかったんだろうね。それも、ただの商売じゃなくて、舶来屋ですからね。

僕がやってきたこと、歩いてきた道は、たいしたことじゃないし、有名でもないけれど、かなりおもしろいショーだったと考えると、別の意味で楽しいね。

それでさ、自分が必死で生きてがんばっているショーを、客席のどこかで見ていてくれる神様がいて、おもしろいショーだと拍手を送ってくれているんじゃないかと、最近、つくづく思うようになりましたね。そうよ、神様かどうかは別にしても、誰かが見ていてくれることは間違いがないね。

子供時代も、戦争中も、闇市の時代も、留置場でも、主人公の僕を見ていてくれたし、そしていまも、客席のどこかで誰かが見ている。そう思ったら、とにかく真剣に「商人道」に励まないと、見ていてくれていた人が帰ってしまう。最近、そう思うようになってきたんです。

まして、いまの若い人たちは「いくら夢持ったってしょうがねえよ」とか「どうせ金持ちになんかなれねえよ」なんて最初から人生を諦めちゃっていませんか。そんなつまらないショーを誰が見るかっていうんだよ。

人のやらないことをコツコツやっているとか、金にならないことばかりしているとか、困った人のためになにか一生懸命しているとか、普通なら「そんなことばかりして、これからどうするんだ」と思われがちですが、いつも真剣勝負をしていれば、誰かわかる人が必ずやって来て、「あいつはおもしろいから拾ってやろう」ということになるんですよ。来るって、必ず。変わり者はこの世にまだいるんだから。もっともこの僕もそのうちのひとりかもしれませんけどね。

まして、商売っていうのは、お客様という相手役がいるでしょう。お店をショーの舞台だと思ったら、やりやすいじゃないですか。お客様を主役にして、脇役に回ってもいいし、時には自分が主役になってもいい。そのためには、どうしたらいいか。

笑顔が必要でしょう。暗い気分じゃ、演技もできないよ。今日の役はなんだ、と役作りもしておかないといけない。上司に怒られたからって、ブスっとしていたらショーが盛り上がらない。

あなたのことを誰かが客席で見てるんだ、そして、気に入ったら別の舞台に立たせようと考えているかもしれないんだ、と考えたら、毎日が飽きないでしょう。

商売ほど、おもしろいショーはないよ、本当に。ということは、商人がスターだということだ。逆に言えば、スターになりたかったら、パソコンばかりいじっているサラリーマンじゃダメだってこと。どう、商人《あきんど》、やってみない？　絶対、おもしろいって。

ほら、ちょうど六時だ。

おーい、前田君！　車、頼むよ。

本店2階にはお客様とお話できるようにテーブルセットを置いている。
僕は並木通りをここから見るのが大好きなんです。
撮影／中本徳豊

戦後の日本におけるブランド・ビジネスの推移——あとがきにかえて

いま、東京の銀座、表参道、六本木といったファッション文化を代表する場所に次々と、あたかも競い合うかのように、外国有名ブランドが旗艦店を出店し、自ら直営・直売しています。どうしてここまで発展してきたのか、いい機会ですので、あとがきにかえて、戦後の日本におけるブランド・ビジネスの歴史を改めて振り返ってみることにします。

日本のブランド・ビジネスは終戦直後の昭和二十年代を夜明け前とすると、戦勝国イギリスのダンヒルやウエッジウッドや、フランスのカルダン、ディオール、バルマン、ランバンなど、そして、アメリカのマグレガーやウイルソンのゴルフ用品などがデパートや一部の専門店に出はじめた昭和三十年代が、まさに日本のブランド・ビジネスの夜明けということになります。

僕は昭和三十九（一九六四）年、オリンピックの年に日比谷の三信ビルから現在の並木通りの朝日ビル一階に本店を移転し、その時、グッチ、エルメス、ロエベ、ラリック、バカラ、パテック フィリップ、ピアジェなどを取り扱い、セレクトショップとして、本格的にブランド・ビジネスの世界に仲間入りをしました。

その当時は、まだルイ・ヴィトンやフェラガモ、フェンディ、アルマーニ、ヴァレンティノなどは日本に上陸していませんでした。

その少し前の昭和三十七（一九六二）年、当時はじめて『世界の一流品』という本が論争社から出版され、日本人のブランド商品への興味と認識が徐々に高度成長の波に乗って高まっていったのです。

昭和四十年代に入ると、いままでのフランスやイギリスなどの戦勝国のブランドに追随するかのように、急激に敗戦国イタリアのブランドが日本に上陸しはじめます。

しかしながら、現在のように、〇〇ジャパンなどというような日本支社がいきなりできたわけではありません。

当時、日本のブランド・ビジネスの世界で力を持っていたのは、外国製品専門の代理店、いわば問屋でした。「サン モトヤマ」も一部、代理店機能を持っていました。そこで、その僕ち有志が集まり、「太陽会」という親睦団体を作り、それぞれが輸入したブランド品の販売をデパートの中で展開していったのです。これがそもそも、今に続くショップインショップと言われる販売のはしりでした。

昭和四十七（一九七二）年から四十八年にかけて、第一次石油ショックが起こり、戦後から続いていた日本経済の高度成長がいったん止まりました。その不況の中で、正式に許可がおりた並行輸入が活発になり、また、すでに始まっていたライセンス・ビジネスが勢いを増し、偽ブランドも横行したのです。

この昭和四十年代が、日本における第一次ブランド・ブームと言ってよいのではないかと思います。

昭和五十年代に入ります。昭和五十六（一九八一）年に、はじめてルイ・ヴィトン ジャパンが創設され、秦郷次《はたきょうじ》郎《ろう》社長が最初の路面店を並木通りにオープンしました。そして、それまで商社などを通して日本に入っていたルイ・ヴィトンをすべて直営・直売方式に切り替えたのです。

この頃から、日本のブランド・ビジネスの流通が、大きく変化していきます。

それまでは、世界のブランドの日本代理店のほとんどは、卸し専門の問屋で、デパートや日本の主な専門店を相手にビジネスが成り立っていました。ですから、当時はお客様が外国のブランドものを買うのは、ほとんどデパートが主だったわけです。そこへ、彼らの直営店が、しかも路面店ができたのです。それも、僕がいつか必ず日本一の最高級の商品を売る通りになると信じていた、この並木通りに。この時の感激は今でもはっきりと覚えています。その後、十年ほどの間をおいて、並木通りには、ルイ・ヴィトンに続いて、カルティエ、シャネル、フェラガモ、ロエベ、セリーヌ、ディオール、マックスマーラなどの直営店が、次々とオープンしました。

路面店の出現だけでなく、五十年代は、都市の大型ホテルに多くのブランドが出店して、ショッピングアーケードを形成していったことでも注目されます。デパートという大きな店の中だけではなく、ホテルという必ずしも買い物を目的としない人々の集まるところに、より身近な存在として、ブランドショップが自らをアピールする時代が来たわけです。この頃が第二次のブランド・ブームの時代です。

そして、いよいよ昭和六十年代から平成の時代に入ります。この十年間は、西暦でいうと、一九八五年から九五年、ここからブランド・ビジネスの業界はさらに大きく変動していきます。最初の五年間はいわゆるバブルの時代と言われる、まさに戦後の日本経済の絶頂期でした。これが、第三次のブランド・ブームになります。

そして、その後半の一九九〇年から九五年の五年間にバブルが崩壊してゆくのです。株価は三分の一以下になり、不動産の価値は五分の一、あるいは十分の一にも下がり、円高・ドル安のまさに波乱万丈の時代を迎えます。

しかし同じ頃、実は海の向こうのブランド業界でも大きな変化が起きていたのです。一九八四(昭和五十九)年にルイ・ヴィトンのラカミエ氏がニューヨークとパリに株式を上場し、その勢いで、八七年にはロエベなどファッションブランドを傘下に持っていたモエ ヘネシーと共同出資して、モエ ヘネシー・ルイ・ヴィトンという一大企業を作り出します。それをひそかに買収したのが、アメリカ帰りのアルノー氏です。当時、アルノー氏はすでにフィナンシャル・アガッシュ・グループの株も買収していました。こうして、アガッシュ・グループが持っていたディオール、ラクロア、セリーヌまでも傘下に収める、皆さんがよくご存知のＬＶＭＨルイ・ヴィトン・モエ ヘネシーという巨大高級ブランド企業ができたわけです。

そして、一九九六年から今日までの十年間は、まさに世界のブランドの戦国時代。国盗り物語は、ますます激しさを増していくのです。

アルノー氏は次にグッチに狙いを定め、さらにプラダ・グループもそれに力を貸します。グッチのCEOだったデ・ソーレ氏はアルノー氏に対抗するために、最後はピノー・プランタン・グループのピノー氏に近づき、その協力で、かろうじてアルノー氏の野望を食い止め、その後、イヴ・サンローラン、セルジオ・ロッシ、ボッテガ・ヴェネタを買収し、グッチ・グループの地盤をより強固なものにしていきました。

こうした中で、次々と日本に新たなブランドが、あたかも黒船のごとく、上陸してくるのです。一時（一九九五年）は瞬間八十円を割り込んだ円高・ドル安の影響もあって、アメリカのティファニー、ハリー・ウィンストン、コーチ、ダナキャランなども日本に直営店を持つようになりました。

しかし、その後、二〇〇四年にはグッチのデ・ソーレ氏、トム・フォード氏も共にグッチ・グループとの契約を解消することになります。

このように、まだまだ今後のブランド・ビジネス業界はいったいどう変化していくか混沌としています。

数字的に見ますと、日本では、平成八（一九九六）年のブランド・ビジネスのピーク時以降の八年間、売上が下がり続けています。いわば、過当競争、オーバーショップの結果、日本でのブランド・ビジネスは、もはや飽和状態になったということです。

現在、皆さんの洋服ダンスも靴箱も、ハンドバッグの棚も、おそらくブランド品で溢れているることでしょう。そして、過剰在庫を処分するために、ここ二、三年、数ヵ所に大型のアウトレットができて、なんでも安く手に入るようになりました。ですから、韓国や中国、台湾では、いま、日本の「アウトレットでの買い物と温泉」をセットにしたツアーが人気なんだそうです。

しかも、現在、デパートの売上も過去十年以上にわたって下がり続けている中で、すでに現在人気の高い世界のブランドは、これからの日本市場に対して、それほどの期待を持っていないと思います。彼らは、これまでの三十年、四十年の間に売るだけ売り込んだからいい、といった感じです。そして、次のマーケットは中国、ロシア、インド、あるいは南米だと狙いを定めています。

彼らの次の受け皿は、もうすでにできあがっているということです。

ですから、日本におけるブランド・ビジネスもそろそろ変革期を迎えたと思いますし、高級品の世界戦略を考えての彼らの大量生産、大量消費の時代、みんな誰でもが持っている物を欲しがる時代から、徐々にオリジナル性のある商品を求める、こだわりの時代に再び戻ることが考えられます。

そうかといって、一方で人間というものが常に新しいものを追いかける動物である以上、今後その中身が時代の変化と共にどう変わろうとも、ブランド・ビジネスはやはり永久に続くものだと思います。いつでもどこにでもある新旧交代がブランド・ビジネスにもあるということです。

そして、ファッション・ビジネスの未来を示唆するために、ここにひとりのデザイナーの生き方をご紹介しておきましょう。

その人の名は、ピエール・カルダン（一九二二年〜　）。

彼は、クリスチャン・ディオールから独立し、三年後にはオートクチュールを、九年後には最初のプレタポルテを発表。そして、誰よりも早くライセンス・ビジネスに着手。着るもの（ファッション）から、さらにレストランのマキシムを買収し、食文化に、そして、家具（インテリア）からアートへ、最後にはホテルの経営まで、独立独歩でこれらのビジネスを展開してきています。

しかも、そのすべてをラグジュアリーなライフスタイルで貫くという彼の夢を、一生かけて実現しようとしています。

カルダンは僕がはじめて渡欧した昭和三十四（一九五九）年の一年前、早くも来日しています。アジアに目をつけたファッション界最初のデザイナーであり、日本に立体裁断を紹介した功労者です。この蔭には、高田《たかた》美《よし》さんという日本女性の尽力がありましたが。

僕は、彼こそが現代における本物のデザイナーであり、同時に最もクリエイティブなディレクターであり、有能なオーナー経営者だと尊敬しています。彼は、衣料や靴やハンドバッグといった単に身につけるものだけでなく、衣・食・住・アートの分野にまで、一貫して彼なりのライフスタイルを追求し、消費者に提案してきました。

二十一世紀のファッション・ビジネスは、このような新しい形に変化していくのではないかと思います。

現在、日本の若い人の中には、かなりの国際感覚をお持ちの方も増えています。今後は、日本からも世界に通用するブランドが次々と生まれてくると思います。

今まで世間では、僕たちのブランド・ビジネスは、あまりにもファッションという一面ばかりが強調されてきたような気がします。

しかしながら、その基本はやはり文化なのです。

これまでのブランドは、そのブランド商品を作った人が自身の持つ文化と伝統を売るところからはじまったわけですが、これからは、それぞれのライフスタイルの中からお互いの文化をミックスさせ、より広く味わうようになってくると思います。

その意味では、カルダンの生き方は、まさにこれからのブランド・ビジネスのひとつのあり方ですし、日本人も、これまでのライフスタイルを改めて考え直す時期に来ているのではないでしょうか。

僕たちはアジア人であり、日本人です。日本にも立派な伝統と雅の文化があります。

このようなものをぜひとも、今まで取り入れてきた外国の文化と融合させながら、僕たちのライフスタイルの中に、並行して残していくべきではないでしょうか。
最後になりましたが、皆様には終わりまでこの本を読んでいただき、大変にお疲れ様でございました。また、本書を作るにあたって、お忙しい中を何回も何回も足を運び、そのおかげで、僕も忘れかけていた「自分の一生」を改めて久しぶりに思い出すチャンスを作ってくださった小田豊二さん、集英社の小林薫さん、出版のきっかけとなる場を作ってくださった日本ファッション・エディターズ・クラブの皆様に改めて御礼を申し上げます。本当にありがとうございました。

平成十七年七月

銀座並木通り本店にて

茂登山長市郎

本文写真デザイン／藤村デザイン事務所

茂登山長市郎(もとやま ちょういちろう)

一九二一年、東京日本橋生まれ。(株)サン モトヤマ会長。グッチ、エルメス、ロエベ等世界の一流ファッションブランドを日本人に広め、定着させた江戸前の商人《あきんど》。生家はメリヤス卸問屋。四一年応召、中国各地を転戦。復員後主にアメリカ製品を闇で扱う商売から身を起こした。六四年、銀座並木通りに本店をオープン。

江戸《えど》っ子《こ》長《ちょう》さんの舶来屋《はくらいや》一代記《いちだいき》

集英社新書〇三〇二B

二〇〇五年七月二〇日 第一刷発行

著者……茂登山《もとやま》長市郎《ちょういちろう》

発行者……谷山尚義

発行所……株式会社集英社

東京都千代田区一ツ橋二-五-一〇 郵便番号一〇一-八〇五〇

電話 〇三-三二三〇-六三九一(編集部)
〇三-三二三〇-六三九三(販売部)
〇三-三二三〇-六〇八〇(制作部)

装幀……原 研哉

印刷所……凸版印刷株式会社

製本所……加藤製本株式会社

定価はカバーに表示してあります。

ISBN 4-08-720302-6 C0234

Printed in Japan

a pilot of wisdom